本专著获中央高校基本科研业务费专项资金百人计划
项目（2682017WBR02）、国家留学基金资助

市场环境、经营战略与业绩评价：
作用机理与经济后果

Market Environment, Business Strategy and Performance Measures:
The Influence Mechanism and Economic Consequences

诸 波 著

西南财经大学出版社
Southwestern University of Finance & Economics Press

中国·成都

图书在版编目(CIP)数据

市场环境、经营战略与业绩评价：作用机理与经济后果/诸波
著.—成都：西南财经大学出版社，2018.4
ISBN 978 - 7 - 5504 - 3310 - 6

Ⅰ.①市…　Ⅱ.①诸…　Ⅲ.①企业内部管理—会计管理—研
究—中国　Ⅳ.①F279.23

中国版本图书馆 CIP 数据核字(2017)第 298120 号

市场环境、经营战略与业绩评价：作用机理与经济后果
诸波　著

责任编辑：林伶
封面设计：何东琳设计工作室
责任印制：朱曼丽

出版发行	西南财经大学出版社(四川省成都市光华村街55号)
网　　址	http://www.bookcj.com
电子邮件	bookcj@foxmail.com
邮政编码	610074
电　　话	028 - 87353785　87352368
照　　排	四川胜翔数码印务设计有限公司
印　　刷	郫县犀浦印刷厂
成品尺寸	148mm×210mm
印　　张	6.5
字　　数	164 千字
版　　次	2018 年 4 月第 1 版
印　　次	2018 年 4 月第 1 次印刷
书　　号	ISBN 978 - 7 - 5504 - 3310 - 6
定　　价	48.00 元

序

　　随着经济全球化和一体化进程的加快，我国企业也正逐步融入全球竞争市场中，提升我国企业的国际市场竞争力是所有企业必须面对的一项课题。我国企业传统的粗放式经营模式已经不再适应新的经济环境，在市场竞争异常激烈的环境中，我国企业必须从传统的低效率、粗放式的管理模式向高效率、精细化的管理模式转变。只有切实提高企业的经营管理水平，我国企业才有参与国际市场的竞争力，才能从根本上转变我国经济发展方式，为我国经济发展注入可持续发展的动力。管理的重心在经营，经营的重心在决策。提高企业管理水平的重心就在于改善我国企业经营决策机制，高效、准确地进行市场判断，并做出正确的经营决策。企业作为市场经济的主体，企业管理层要做出正确的经营决策，必须建立在高质量的管理决策信息基础之上，而管理会计就是以提供对内管理决策信息为目的的信息系统。因此，我们必须重视管理会计系统对企业管理决策的重要影响和在企业管理中的重要作用。作为企业管理会计系统的一个核心子系统，业绩评价系统能够有效促进和保障企业经营战略的实现。据此，本书重点探讨业绩评价指标选择的影响因素与经济后果。

业绩评价系统包括业绩评价目标、业绩评价指标、业绩评价标准和业绩评价方法等。其中，业绩评价指标的选择是组织面临的最关键挑战之一。业绩评价涉及两个问题：一是用什么指标评价企业的经营绩效？二是这些评价指标如何与企业的战略相联系？离开了战略，企业经营业绩的好坏难以评判。由此可见，业绩评价指标的选择及其与企业战略的匹配对建立一个运行良好的业绩评价系统的重要性。具体来说，本书主要研究两个问题，一是业绩评价指标选择的影响因素；二是业绩评价指标选择的业绩后果及其作用机制。安东尼将企业控制划分为战略控制、管理控制与运营控制三个层次，战略控制是一个制定战略的过程，管理控制是一个实施战略的过程。业绩评价系统的目标是促进战略的实施，是战略实施的支持系统。企业需要根据环境的变化制定战略，并通过设计相应的管理控制系统以实施战略。战略的制定受到企业所处环境的影响，只有根据企业所处的实际环境才能制定合理的战略，合理的战略与对应的业绩评价系统匹配才能产生高的业绩。

目前关于业绩评价的中文文献主要探讨业绩指标的设置，有少量的实证文章分析非财务指标的业绩后果。从外文文献来看，国外对战略与业绩评价关系的研究比较多，理论也相对比较成熟，主要从代理理论和权变理论的角度对三者之间的关系进行检验。代理理论主张业绩评价指标的多元化，权变理论主张业绩评价指标必须与权变因素相匹配才能产生高的企业业绩。已有文献主要基于国外私营企业样本进行分析，其较少受到政府的干预，企业能够以独立的法人个体进行经营管理。但是，在我国存在大量国有企业，不能以一个独立的法人身份进行经营，国有企业很多时候是作为政府的代理人去执行政府职能的。那么在这种制度环境下，国有企业与民营企业在业绩指标选择的影响因素与经济后果方面存在差别吗？这是分类检验需要回答的问题。本书将打通环境、战略、管理控制系统与业绩之间的关系，沿着"环境→战略→业绩评价→业绩"的逻辑路径进行研究。

全书共分八章，具体安排如下：

第一章：导论。通过分析我国企业的内部管理水平，引出本书的研究话题，介绍本研究的重要意义。重点阐述本书的研究方法和研究内容，勾勒本书的基本框架，明确本书可能的创新点。

第二章：文献综述。本章从业绩评价指标选择的影响因素与经济后果两个方面对国内外文献进行全面梳理，并从代理理论和权变理论两个视角梳理业绩评价指标选择的经济后果，评述现有文献的不足之处，掌握该领域的研究前沿，为后续的研究设计打下基础。

第三章：制度背景与理论基础。本章系统梳理中外企业业绩评价的发展历程，为解释中国企业业绩评价指标选择提供制度背景与理论依据，有助于我们深入了解中国企业业绩评价实践发展的政治与经济力量。着重介绍本研究的理论基础——代理理论、权变理论与管理控制理论，为分析中国企业业绩评价指标选择的影响因素与经济后果提供理论依据。

第四章：数据采集与分析。本章介绍调查问卷的设计过程、调查问卷的发放与回收过程、样本数据的基本特征及其数据分析方法。为了全面展现研究样本的适当性，详细描述了被调查企业和问卷填答者的基本特征，并重点阐述中介变量模型和调节变量模型的原理与使用方法，为后续的实证研究提供方法论支持。

第五章：市场竞争程度、经营战略与业绩评价指标选择。本章以权变理论为基础，运用问卷调查数据实证检验业绩评价指标选择的影响因素。按照管理控制系统的理论思想，遵循"外部环境→战略控制→管理控制"的逻辑路径，本章选择市场竞争程度和经营战略作为业绩评价指标选择的影响因素，从理论层面深入分析市场竞争程度、经营战略与业绩评价指标选择的理论关系，并运用问卷调查数据实证检验市场竞争程度、经营战略与非财务指标采用程度这三个变量之间的数量关系。

第六章：业绩指标多元化对企业业绩的影响研究。本章以代理理论为基础，实证检验业绩指标多元化的业绩后果。为了更加清晰地展现业绩指标多元化的经济后果，本书将企业业绩划分为三个不同层次的业绩变量：内部经营业绩、客户与市场业绩、财务业绩，分别运用业绩指标多元化变量对三个不同层次业绩进行回归分析。进一步将研究样本划分为国有样本与民营样本，再次检验上述变量之间的关系。

第七章：经营战略、业绩评价与企业业绩。本章以权变理论为视角，运用问卷调查数据实证检验经营战略、业绩指标选择与企业业绩三者之间的关系，将经营战略作为业绩指标采用程度与企业业绩之间关系的调节变量。进一步将研究样本划分为国有样本与民营样本，再次检验经营战略的调节作用。

第八章：研究结论、局限及展望。本章在以上各章理论分析与实证检验的基础上，总结全文的主要研究结论，并分析本书存在的不足，进一步提出业绩评价领域未来值得研究的方向。

通过理论分析和实证检验，本书发现：①国有企业的经营战略在市场竞争程度与非财务指标采用程度的关系中起到完全中介的作用，也就是说市场竞争程度对非财务指标采用程度的影响需要通过经营战略这个中介变量才能起作用，环境与战略是具有递进关系的权变变量。②业绩指标多元化变量与三个业绩变量都呈显著正相关关系，说明业绩指标多元化确实能够有效地降低代理人的代理成本，并且改善企业不同层次的业绩。业绩指标多元化对民营企业财务业绩的改善程度要高于对国有企业财务业绩的改善。③经营战略与客观非财务指标的匹配负向影响内部经营业绩和财务业绩，经营战略与主观非财务指标的匹配正向影响财务业绩。国有企业样本中经营战略负向调节主观非财务指标与内部经营业绩的关系，而在民营企业样本中并不存在这一关系；经营战略对主观非财务指标与财务业绩关系的调节作用，在国有企业和民营企业样本中具有截然相反的表现，国有企业样本中表现为负向调节效应，民营企业样本中表现为正向调节效应。

本书的创新点如下：

（1）本书实证检验了经营战略作为市场竞争程度与业绩评价指标选择的中介变量，推进了已有理论的发展。已有研究将市场竞争程度作为企业管理控制系统的权变因素，但是本书认为市场竞争程度对企业管理控制系统的影响，首先是通过对企业经营战略的影响，进而传导到企业内部管理控制系统。实证研究发现，国有企业样本中经营战略在市场竞争程度与非财务指标采用程度之间起到完全中介作用，即市场竞争程度与经营战略不是处于同一层次的权变因素，而是一个递进的关系。

（2）本书基于我国特殊的制度背景，将研究样本分为国有企业样本和民营企业样本并进行分类检验，有利于更加深入地认识中国企业的管理会计实践。由于我国特殊的制度背景，国外已有的经验研究结论并不一定能够解释我国企业的特有现象。在我国，国有企业肩负一定的社会职能，存在预算软约束、所有者缺位等问题，其参与市场竞争的程度不高。这与西方国家私有企业所处行业的市场竞争程度有本质的区别，那么西方文献所得出的研究结论就可能不适应中国的制度环境。然而，国内已有的研究几乎没有考虑我国国有企业的特殊情况，而是将两种完全不同性质的企业样本合并在一起进行实证检验，不利于对研究结论的解读。本书正是基于上述的理论思考，根据我国的制度环境，将问卷调查得到的研究数据分为两个样本：一个是国有企业样本；一个是民营企业样本。实证研究发现确实证明了两种样本表现出较大的差别，有助于更加准确地解读中国企业的管理会计现象。

（3）本书打通了环境、战略、管理控制系统与企业业绩之间的逻辑关系，沿着"环境→战略→业绩评价→企业业绩"的逻辑路径进行研究。企业战略是对企业外部环境的反应，管理控制系统对企业经营战略做出反应并且实施战略，最后对企业业绩产生影响。已有研究沿着"环境→业绩评价→业绩"或"战略→业绩评价→业绩"等路径进行理论分析和实证检验，本书弥补了已有文献将环境、战略与管理控制系统割裂开来研究的缺陷，将环境、战略与业绩评价系统进行有机整合，并考察其业绩后果，有助于更好地理解企业外部环境对企业业绩的作用路径，实现企业内外环境作用机制的一体化研究。

本书受西南交通大学中央高校基本科研业务费专项资金百人计划项目（2682017WBR02）资助。

感谢西南财经大学出版社林伶女士为本书的顺利出版所提供的支持。

目 录

市
场
环
境
、
经
营
战
略
与
业
绩
评
价
：
作
用
机
理
与
经
济
后
果

1
导 论

1.1 研究背景与研究意义

1.1.1 研究背景

随着经济全球化和一体化进程的加快，我国企业也正逐步融入全球竞争市场中，提升我国企业的国际市场竞争力是所有企业必须面对的一项课题。我国企业传统的粗放式经营模式已经不再适应新的经济环境，在市场竞争异常激烈的环境中我国企业必须从传统的低效率、粗放式的管理模式向高效率、精细化的管理模式转变。只有切实提高企业的经营管理水平，我国企业才有参与国际市场的竞争力，才能从根本上转变我国经济发展方式，为我国经济发展注入可持续发展动力。由于处于转型经济中的我国企业所面临的市场竞争不足，大量的国有企业处于垄断行业和政府管制行业，主要依靠行业地位和政府扶持赚取高额利润，导致其改善企业管理水平参与市场竞争的需求不足。然而，随着我国市场的进一步开放，外资企业大量涌入我国市场，我国国有企业也逐渐面临激烈的市场竞争压力。国有企业的市场化改革步伐也进一步加快，未来我国企业的发展必须依靠管理水平的提升，在企业内部管理上"练内功"才能立于不败之地。那么我国企业的内部管理水平到底如何？该如何进一步提升我国企业的管理水平呢？管理的重心在经营，经营的重心在决策。提高企业管理水平的重心就在于改善我国企业经营决策机制，高效、准确地进行市场判断，并做出正确的经营决策。企业作为市场经济的主体，企业管理层要做出正确的经营决策，必须建立在高质量的管理决策信息基础之上，而管理会计就是以提供对内管理决策信息为目的的信息系统。因此我们必须重视管理会计系统对企业管理决策的重要影响和在企业管理中的重要作用。然而，在我国会计理论界和实务界，对财务会计的重视远远超过对管理会计的重视，使得管理会计实务发展创新和理论研究都落后于财务会计的发展。尽管市场经济和金融市场的规范化发展离不开以对外披露财务信息为目标的财务会计，但市场经济和金融市场的繁荣更需要以服务于企业管理为主的管理会计（胡玉明，2011）。只有高素质的企业，才能带来市场经济和金融市场的繁荣。本书无意探讨整个管理会计系统对企业决策或企业绩效的影响，而是从企业管理会计控制系统的一个侧面捕捉我国企业管理会计实践发展的现状和存在的问题，以期为我国管理会计实务创新和理论研究提供一个讨论的场景。管理会计控制系统本身是一个较大的概念，本书基于我国企业的管理实践，集中探讨管理会计控制系统中的一个核心子系统——业绩评价系统。其主要基于以下两点原因：一是我国国有企业改革过程中，财政部和国资委等国家部委陆续出台一系列的国有企业绩效评价规则，推动我国国有企业内部业绩评价系统的改革，足以体现政府监管部门对企业绩效评价体系的重视，也说明企业绩效评价在企业管理实践中的重要性；二是我国当前贫富差距逐渐拉大，体现在企业微观层面就是企业的薪酬激励制度的不合理，而业绩评价是企业薪酬制度设计的基础，业绩评价系统设计的合理性和公平性不仅有利于实现薪酬分配的公平化，还能激发员工的积极性为企业创造更多的价值。基于上述两点，本书选择业绩评价系统作为本书研究的核心话题。李苹莉、宁超（2000）认为按照业绩评价的主体和目的的不同，业绩评价可以分为以下四个层次：从投资者角度对作为投资对象的企业价值分析；政府部门所进行的以企业所提供的税金、就业机会、职工的社会福利、环境保护等为主要内容的社会贡献评价；资源提供者对于经营者业绩的评价；经营者所进行的内部管理业绩评价。从管理会计的研究角度来看，主要探讨企业内部管理会计信息系统问题，因此本书的业绩评价定位为企业高层管理者对中层管理者的评价与中层管理者对一线员工的业绩评价这两个层次。

一般来说，业绩评价系统由评价目标、评价指标、评价标准和评价方法等要素构成。评价目标是指业绩评价主体的评价需求，评价指标是指评价主体针对评价客体的哪些方面进行评价，评价标准是指评价主体判断评价客体业绩高低的基准，评价方法是指评价主体获取业绩评价信息的手段（池国华，2005）。其中，业绩指标的选择是组织面临的最关键挑战之一（Ittner 和 Larcker，1998）。胡玉明（2011）也指出业绩评价指标的选择是业绩评价的最关键问题。企业业绩评价主要涉及两大基本问题：第一，选择哪些指标评价企业的经营业绩？第二，如何将选择的业绩评价指标与企业战略联系起来？如果抛开企业战略，则企业经营业绩的好坏将难以评判（胡玉明，2010）。由此可见，业绩评价指标的选择及其与企业战略的匹配对建立一个运行良好的业绩评价系统的重要性。为了研究问题的深入，本书不追求对业绩评价系统做全面的研究，而是集中探讨业绩评价指标选择这一较小的话题。

具体来说，本书主要研究两个问题，一是业绩评价指标选择的影响因素；二是业绩评价指标选择的业绩后果及其作用机制。安东尼和戈文达拉扬（2010）将企业控制划分为战略控制、管理控制与运营控制三个层次，认为它们是企业控制三个相对界限分明的层次。管理控制系统是管理者用于控制组织活动的系统，是战略的执行系统。通过这个系统，管理者能够影响组织内其他成员并使之执行组织战略，以达到组织目标。简言之，管理控制系统的目的就是保证战略的实施以实现组织目标。战略控制是一个制定战略的过程，管理控制是一个实施战略的过程。业绩评价系统的目标是促进战略的实施，是战略实施的支持系统。在建立企业业绩评价系统时，高级管理层要选择最能反映公司战略的业绩评价指标。这些指标被看作企业战略的关键成功因素。如果这些业绩评价指标有所改善，那么公司的战略就正在付诸实施。安东尼和戈文达拉扬（2010）认为企业战略的制定必须考虑企业所面临的内外部环境，进而根据企业战略设计适合的管理控制系统以实现企业经营战略。业绩评价系统作为企业管理控制系统支持战略实施的核心子系统，理所当然也应该满足实施企业战略的需要。战略的成功取决于战略的合理性，业绩评价系统只是提高组织成功实施战略可能性的机制。战略的制定受到企业所处环境的影响，只有根据企业所处的实际环境才能制定合理的战略。合理的战略与对应的业绩评价系统匹配才能产生高的业绩。因此，企业战略的制定是否符合企业所处的环境，企业业绩评价系统是否支持战略的实施？这将关系到企业战略的制定是否合理，业绩评价系统的设计与企业战略是否匹配，进而影响到企业的目标是否能够实现。只有立足于"环境→战略→过程→行为→结果"一体化的逻辑基础，才能真正地理解最终出现的结果（胡玉明，2009）。本书欲打通环境、战略、管理控制系统与业绩之间的关系，沿着"环境→战略→业绩评价→业绩"的逻辑路径进行研究．本书研究逻辑如图 1.1 所示。

目前关于业绩评价的中文文献主要探讨业绩指标的设置，有少量的实证文章分析非财务指标的业绩后果，如张川等（2006、2008）。从外文文献来看，国外对战略与业绩评价关系的研究比较多，理论也相对比较成熟。主要从代理理论和权变理论的角度对三者之间的关系进行检验。代理理论主张业绩评价指标的多元化（Performance Measures Diversity），权变理论主张业绩评价指标必须与权变因素相匹配（Alignment）才能产生

```
┌─────────────────────┐
│     市场竞争程度      │        外部环境
└─────────────────────┘
- - - - - - - - - - - - - - - - - -
┌─────────────────────┐
│     经营战略的        │        战略控制
│     制定与调整        │
└─────────────────────┘
- - - - - - - - - - - - - - - - - -
┌─────────────────────┐
│    业绩评价系统的     │        管理控制
│    设计与运行         │
└─────────────────────┘
- - - - - - - - - - - - - - - - - -
┌─────────────────────┐
│   实现企业战略、      │        企业绩效
│   改善企业绩效        │
└─────────────────────┘
```

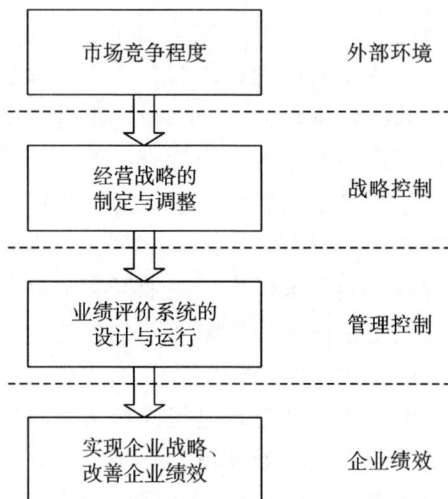

图 1.1　本书研究逻辑图

高的企业业绩。关于这些研究，主要探讨财务指标与非财务指标。传统业绩评价指标主要采用财务指标，但是 BSC 概念提出之后，就有不少企业采用非财务指标对企业业绩进行评价，进而在学术研究上就有学者运用数据实证检验非财务指标是否能够带来企业业绩的提升？业绩评价指标的多元化认为传统业绩评价指标重视财务指标，而作为代理人的经理人员就会看重短期财务业绩的实现，那么为了降低代理成本，引入非财务指标使得业绩评价指标多元化，激励经理人员不止看重财务指标，还要为企业的长远发展考虑，以减少经理人员的短期行为。所以就出现大量文章从不同角度检验是否业绩评价指标越多元化，企业的绩效就会越好。大部分文献得到的结论是，业绩评价指标的多元化能够带来好的业绩。一个单一的指标无法控制一个复杂的系统，过多的指标又会使系统过于复杂，而无法控制。因此上述经验研究的证据是在一定范围内成立，而不是简单地

认为业绩评价指标越多，企业业绩越好。Van der Stede et al.（2006）就非财务指标的研究更进一步，将非财务指标进一步划分为主观非财务指标和客观非财务指标，而主观非财务指标与质量生产战略的匹配能够给企业业绩带来正的影响。

上述文献主要基于国外私营企业的角度进行分析，它们的特点就是较少受到政府的干预，企业能够以独立的法人个体进行经营管理。但是，在我国，国有企业大量存在，国有企业不能以一个独立的法人进行经营，较多地受到政府管制和干预，国有企业领导人大部分并不是职业经理人，更像是一个政府官员，所追求的目标更多的是政治晋升或者在职消费，其企业利润目标不再是首要的。从一家大型国企的总经理的讲话中发现，第一位是企业（政治）稳定，第二位是安全，第三位是赢利（于增彪，等，2007）。国有企业很多时候是在作为政府的代理人去执行政府职能，那么在这种制度环境下，我国企业经营战略的制定是否反映企业所面临的外部环境？业绩评价指标会呈现何种状况？财务指标与非财务指标的比重如何？非财务指标中的主观与客观指标占比多大？它们对企业的业绩又会产生什么影响？这种业绩评价体系与企业的战略有何关系？是否业绩评价指标与战略匹配就能产生高的业绩？而国企与民企在这三者之间的关系表现上是否存在差别呢？这些问题都是在我国的制度背景下需要回答的。本书基于中国制度背景，结合我国国有企业业绩评价制度的制定，从国外有关业绩评价的理论出发，分析其在我国是否适用。如果不适用，那如何去解释这种现象呢，财务指标、非财务指标在我国国企的业绩考核中起到了什么作用，进而分析这些指标对企业绩效的作用机理。

1.1.2　研究意义

2014 年以来，财政部大力推动管理会计的理论与实务发展。

2016 年，财政部发布了《管理会计基本指引》。

（1）实践价值。业绩评价系统作为管理会计系统的重要组成部分，一直是管理会计理论研究和实务发展的核心话题。我国国资委在国有企业大力推行先进的业绩评价制度，但是效果并不尽如人意。先进的业绩评价制度为何没有在我国国有企业取得相应的管理效果呢？如何设计一套高效的业绩评价指标体系？国有企业与民营企业的业绩评价指标体系的差别在哪里？业绩评价指标体系如何反映企业经营战略？……所有这些问题都是企业管理实践中迫切需要解决的问题。本书的研究结论为我国企业业绩评价指标的选择提供指导性意见，具有重要的实践价值。具体来说，企业业绩评价指标的选择必须匹配企业的权变因素，尤其是业务经营单元的经营战略。不同的业务经营单元面临的市场竞争程度不一样，业务单元的经营战略就要进行相应的改变，进而调整企业的业绩评价指标体系，最终提升管理会计控制系统实现企业经营战略的能力以改善企业绩效。

（2）理论意义。限于研究数据获取的困难，中国会计学术界对于管理会计问题的研究极其匮乏，导致"实务热、学术冷"的管理会计发展局面。本书尝试运用国际主流的研究方法，扎根中国企业管理实践，探索具有中国特色的管理会计理论与方法。该书以企业业绩评价为研究主题，采用问卷调查方法搜集中国企业的管理数据，运用实证研究模型分析市场环境、经营战略与业绩评价指标选择的作用机理与经济后果。全书以三个紧密相关、逐层递进、逻辑清晰的实证研究为核心内容，系统展现了基于我国制度背景的企业业绩评价系统的运行规律。

1.2 本书研究内容与框架

本书遵循胡玉明（2011）提出的中国管理会计理论与方法研究的学术思想：立足于中国转型经济环境下的特殊制度背景，综合运用会计学、经济学、管理学、组织行为学、社会学和心理学等学科的理论与方法，基于管理会计的"技术、组织、行为、情境"四个维度和"环境→战略→行为→过程→结果"一体化的逻辑基础，系统地研究中国企业管理会计理论与方法。企业经营战略是对企业经营环境的能动反映，只有适应经营环境的企业才能获得可持续发展的动力。通过对企业内外部环境的 SWOT 分析，企业制定适合本企业发展实践的合理战略，然后设置企业的内部管理控制系统实施战略以达到战略目标。该研究打通环境、战略、管理控制系统与企业业绩之间的关系，沿着"环境→战略→业绩评价→企业业绩"的逻辑路径进行研究，将环境、战略与业绩评价系统进行有机整合，并考察其业绩效果。进一步地，由于我国有着不同于西方国家的特殊制度环境，存在大量的国有企业，并且政府监管部门针对国有企业的绩效评价有专门的制度规定。在这样一个特殊的研究场景中，我们预期国有企业与民营企业这两种不同性质的经济体，上述的逻辑路径关系会有不同的表现。如果将这两种性质不一样的研究样本混合起来考察上述关系，将可能得到比较混乱的研究结果，不利于发现上述变量比较一致的关系，也不利于我们对实践现象的深入认识。因此，我们针对国有企业样本和民营企业样本分别进行实证检验，并分析两者之间的差异来源，以更为清晰的视角揭示"环境→战略→业绩评价→企业业绩"的逻辑路径关系。

按照上述的研究思路，本书主要分为五部分内容进行研究：

第一部分：企业业绩评价指标选择的理论框架研究。本部分首先回顾业绩评价系统发展的历史演进，推导出当前国际先进的业绩评价理念。在此背景下，系统梳理我国政府监管部门颁布的国有企业业绩评价的发展历程，批判式地分析我国国有企业业绩评价发展过程中存在的问题。然后运用业绩评价基本理论透视我国国有企业一系列业绩评价制度，并明确企业外部业绩评价与内部业绩评价的本质区别，分别探讨国内外业绩评价的制度差别。基于该制度背景，本部分运用代理理论、权变理论和行为科学理论分析企业业绩评价指标选择的影响因素和业绩后果，构建一个"环境→战略→业绩评价→绩效"的理论分析框架，为后文的实证检验打下扎实的理论基础。

第二部分：运用调查问卷数据实证检验"市场竞争程度、经营战略与业绩评价指标"三者之间的关系。为实现"环境→战略→业绩评价→绩效"的一体化检验，本书基于上述的理论分析框架，结合我国国有企业业绩评价的制度背景，设计一份业绩评价指标选择的调查问卷，通过向我国企业的管理者发放调查问卷获取实证研究数据。本书主要通过两阶段实证检验上述的一体化理论模型，分别采用中介变量模型和调节变量模型两种基本分析模型进行实证分析。本部分主要使用中介变量模型分析"市场竞争程度、经营战略与业绩评价指标选择"三者的关系，将企业经营战略变量作为中介变量，即市场竞争程度一方面对业绩评价指标选择产生直接影响；另一方面通过影响企业经营战略对业绩评价指标选择产生间接效应。已有文献从理论和实证证据方面发现市场竞争程度是企业业绩评价指标选择的一个权变因素，也就是对企业业绩评价指标选择具有直接效应。但是根据安东尼管理控制系统理论的研究思想，企业控制分为战略控制、管理控制与运营控制，任何对企业管理控制系统产生影响的权变因素都是先通过影响企业经营战略，再传导到管理控制系统。针对企业外部环境的变化，企业必须及时对经营战略做出调整以适应外部环境，进而调整企业的管理控制系统。按照这个理论逻辑，本书认为市场竞争程度的变化还可能通过影响企业的经营战略，从而传导到企业业绩评价指标体系。已有的研究文献并没有考虑到这个理论问题，均是按照市场竞争程度到业绩指标选择这条直接效应路径进行实证检验。本书遵循安东尼管理控制系统分析框架的理论逻辑，构建一个中介变量理论模型，并使用调查问卷数据实证检验该理论模型，一方面实现对安东尼教授管理控制系统理论的进一步检验；另一方面进一步丰富已有文献对该问题的认识。

　　第三部分：运用调查问卷数据实证检验业绩指标多元化对企业业绩的影响。如何判断业绩评价系统的好坏呢？通常的做法就是考察业绩评价系统的实施对企业业绩的影响。实务中，企业主要运用两种基本方法设计企业战略业绩评价系统，一种是加入非财务指标以补充传统的财务指标；一种是将业绩评价指标与企业经营战略或者价值驱动因素匹配起来。在学术研究中，已有研究文献形成两大思想流派：一个流派不考虑战略类型而强调业绩评价指标的多元化；一个流派强调业绩评价指标与经营战略的匹配。前者可以认为是业绩评价的代理理论流派，后者是业绩评价的权变理论流派，即两者所运用的理论基础分别是代理理论和权变理论。本书在第三、第四部分分别从代理理论与权变理论的视角，实证检验业绩指标选择的经济后果。

　　传统单一的业绩指标容易导致企业内部代理人的短期行为，

不利于企业价值最大化的实现。所谓"评价什么就得到什么"，通常代理人有动机去关注有业绩指标对其绩效进行评价的活动，而往往忽视委托人不对其绩效进行评价的活动。根据这个思想，代理理论认为要想有效地降低代理人的代理成本，可以通过扩大代理人的绩效考核范围，即业绩指标多元化。业绩指标体系基本上包括两种类型的业绩指标：财务指标和非财务指标，非财务指标又可以进一步划分为客观非财务指标和主观非财务指标。非财务指标是财务指标的前导指标，主观非财务指标是对客观非财务指标的有效补充。按照平衡计分卡的思想，企业业绩分为三个层次：内部经营业绩、客户与市场业绩、财务业绩。本书将构建一个业绩指标多元化变量，分别对内部经营业绩、客户与市场业绩、财务业绩进行回归分析。

第四部分：运用调查问卷数据实证检验"经营战略、业绩评价指标选择与企业绩效"三者之间的关系。安东尼教授的管理控制系统理论认为企业管理控制系统的核心功能是实施和监控企业的经营战略。为了达到实施和监控企业经营战略的目的，管理控制系统的设计与运行必须反映企业的经营战略特征。只有管理控制系统与企业经营战略两者相互匹配，才能实现企业管理控制系统的应有效果，最终改善企业的经营绩效。因此，累积大量的关于企业经营战略与管理控制系统关系的实证研究文献。Langfield-Smith（1997）对管理控制系统与战略之间关系的研究文献做了一个批判式的回顾，充分说明企业战略与管理控制系统的紧密关系。目前仍有较多的文献探讨经营战略与管理控制系统的子系统之间的关系，这也从一个侧面反映出对管理控制系统的研究不可回避的问题就是企业战略，这也是本书研究业绩评价指标选择需要重点考虑经营战略的重要原因。

实证检验"战略、业绩评价指标选择与企业绩效"三者之间关系的文献较多，但是不同文献对战略的衡量方式也存在较大的差异，Van der Stede et al.（2006）关注制造业企业的质量生产战略；Fleming et al.（2009）研究中国企业的增长战略对企业业绩评价系统的影响……上述文献对经营战略的衡量较为片面，并没有捕捉到经营战略的核心内涵，其得到的研究结论信度较低、普适性较差。基于上述文献的研究现状，本书通过对企业战略内涵的研究，结合已有的实证研究文献对企业战略的衡量方法和本书的研究层次，本书定位于管理控制层次，相对应的就是经营层战略。国外的学术文献对经营层战略的衡量通常采用 Miles 和 Snow（1978）或者 Porter（1980）的衡量方法。前者将经营战略主要分为前瞻型战略（Prospector）和防守型战略（Defender）；后者将经营战略主要分为差异化战略（Differentiation）和成本领先战略（Cost Leader）。但是 Smith et al.（1989）认为前瞻型和防守型战略能够适用于不同产业类型。因此本书选择 Miles 和 Snow（1978）对经营战略的衡量方式，即将经营战略分为前瞻型战略、分析型战略和防守型战略。前瞻型战略和防守型战略位于经营战略的两端，中点就为分析型战略。同时，已有的研究大多数都是将业绩指标划分为财务业绩指标和非财务业绩指标，这种分类方式较为粗糙。随着业绩评价理论研究深入和实践的发展，越来越重视对主观业绩评价指标的使用，尤其是在我国国有企业的制度背景下更是如此。为了更加全面深入地考察各类业绩评价指标的业绩后果，Van der Stede et al.（2006）将非财务指标进一步划分为客观非财务指标和主观非财务指标，并发现主观业绩评价指标的业绩作用。考虑到我国国有企业内部对主观业绩指标的重视，本书将业绩评价指标划分为财务指标、客观非财务指标和主观非财务指标，并相应地考察各类业绩指标的业绩后果。关于企业绩效的衡量，已有文献更多地是将调查问卷获得的财务业绩打分合成一个业绩变量，并计算该业绩变量的得分。由于我国国有企业特殊的制度背景，企业内部的代理成本较高，单纯地考察企业最终的财务业绩将不能较为清晰地识别出各类业绩评价指标的具体业绩后果。因此，本书参考文东华等（2009）将企业业绩分为内部经营业绩、客户与市场业绩和财务业绩，方便我们更为清晰地识别不同类型的业绩指标其发挥的具体作用。通过对已有文献的研究设计改进，关注我国转型经济的制度环境特征，将有助于我们进一步深入地认识经营战略、业绩指标选择和企业业绩的关系。

第五部分：国有与民营企业样本的分类检验。由于已有文献的研究设计根植于国外私营企业的管理实践，其得到的研究结论对于解释我国的企业管理实践具有较大的局限性。当前我国正处于转轨经济时期，国有经济在我国经济体中占有较大的份额，其管理经营模式跟一般的私营企业存在较大的差异。如果将两类不同性质的样本企业混合起来考察，将不利于我们对该问题的深入理解，因此有必要将问卷调查样本分为国有企业与民营企业样本，分别对上述的实证研究模型进行实证分析，并对两个模型的回归系数进行统计检验，以发现两类样本的不同表现形式。本部分的研究设计符合目前国内主流资本市场研究的惯用设计思想，但是目前管理会计实证研究并没有重点考虑这个因素，因此本书的研究设计将为后续的管理会计实证研究提供一个方法论范本。据此，本书构建一个研究路线图，如图1.2所示。

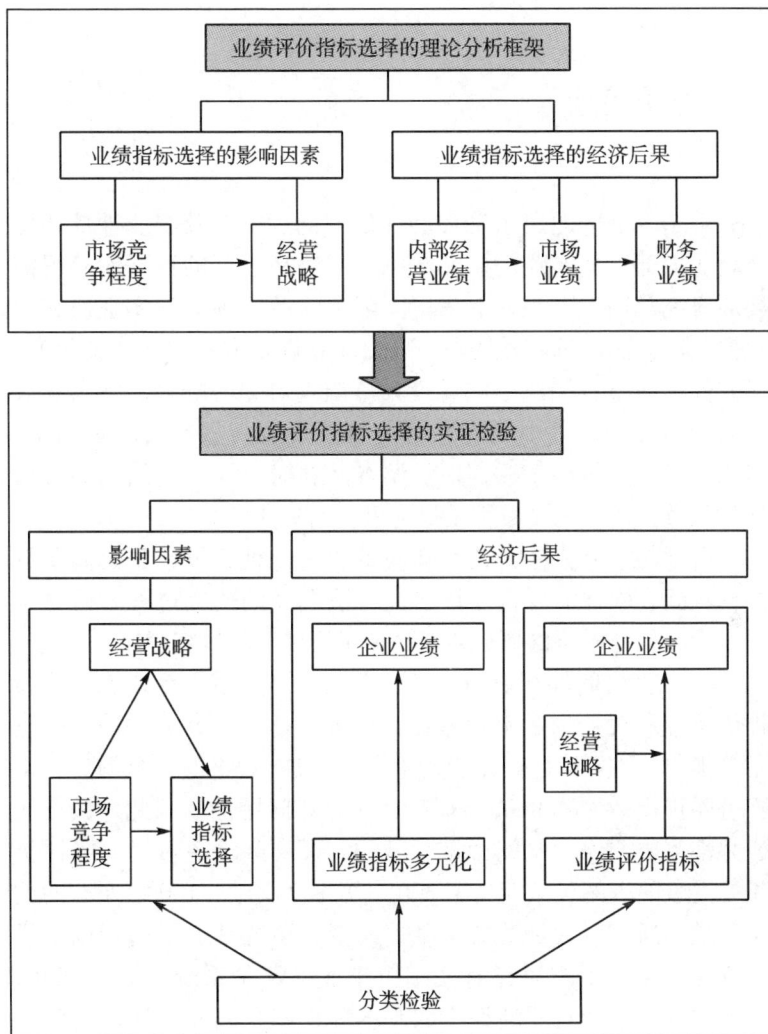

图 1.2　本书的研究路线图

1.3　研究方法

由于本书选题属于管理会计研究问题，涉及企业外部环境与企业内部管理实践等研究数据，无法从公开的数据库获得需要的研究数据，因此本书采用国际主流的管理会计实证研究的数据获取方法——问卷调查。采用问卷调查方式进行实证研究，研究数据的质量取决于问卷设计、调查对象的选择、问卷发放和问卷回收等，其中问卷本身的质量是最为重要的决定因素。因此，设计一份科学、合理的调查问卷对于本研究结论的可靠性甚至整个研究的质量都是最为重要的保证。

科学的研究方法是研究质量的重要保证，设计一份高质量的调查问卷同样需要遵循该研究方法严谨的研究过程和研究步骤。为了保证本书的研究质量，拟采用以下的研究程序：

（1）大量阅读与业绩评价相关的中外文献，系统梳理业绩评价系统有关研究的理论基础、研究主题、研究方法等。一位学者提出：“文献是研究者的生命。”没有大量的文献阅读，是不可能提出一个有价值、有意义的研究问题的。因此，做任何研究都需要首先大量阅读该领域的相关文献。通过对业绩评价相关文献的查阅，共搜集了300多篇中文文献，100篇左右的英文文献。通过对大量英文文献的研读，系统掌握了问卷调查研究方法，深入了解了已有文献关于业绩评价系统的研究现状；中文文献让笔者对业绩评价的基本理论和我国业绩评价现状有了较为全面的掌握。为了遵循研究的传承性，对相同变量的量化最好使用相同的研究题项，但是基于不同文化、不同经济背景下的调查应该对问卷题项做出相应的调整。因此本书将结合最权威、最新的文献和我国的制度背景两个原则设计本书使用的调查问卷。

（2）半结构化访谈。在问卷设计前，围绕本书的研究话题拟定一份访谈提纲，找几家不同性质的企业，并对企业管理者做半结构化访谈。通过到企业实地调研和访谈，能够掌握我国企业目前业绩评价系统的现状及其存在的问题，目前企业管理者真正关心的业绩评价问题。及时将访谈数据反映的问题反映到问卷设计过程中，以设计出更加贴合我国企业业绩评价实践的调查问卷。

（3）问卷初稿设计出来之后，邀请管理会计领域的专家学者对该问卷提出修改意见，并进行相应的修改。然后选择几家企业的管理者进行小范围问卷试填，充分听取试填者提出的反馈意见，再次对问卷进行修改。反复进行这么几轮修改，直到试填者满意为止。

问卷设计完成之后，结合研究问题选择问卷调查对象、发放渠道和回收渠道等问题。由于本书研究企业内部管理业绩评价问题，其聚焦于企业内部经营单元层次，如公司事业部、利润中心等。因此，该研究将调查对象确定为企业经营单元的管理者。采取现场填答和电子邮件填答两种模式。通过多种渠道选择调查对象，比如四川省高校的 MBA、EMBA 班学员，校友所在企业、研讨会等。严谨的研究过程才能获得科学的研究结论。作者对于回收的样本数据，将严格按照问卷调查数据的分析方法进行因子分析、回归分析等。

1.4　本书可能的创新点

（1）本书提出并实证检验了经营战略作为市场竞争程度与

企业业绩指标选择之间的中介变量。已有研究将市场竞争程度作为企业管理控制系统的权变因素，但是本书认为市场竞争程度对企业管理控制系统的影响，首先影响企业经营战略的制定，进而传递到企业管理控制系统，最后对企业业绩产生影响。因此市场竞争程度变量不应该与经营战略处于同一个层次作为企业业绩评价系统的权变因素，而是一个递进的关系。企业内部管理系统分为三个层级：战略控制系统、管理控制系统、经营控制系统。管理控制系统是对战略控制系统的反应，并实施和控制企业的经营战略。面对不同程度的市场竞争，企业会制定相应的经营战略，进而设计适配的业绩评价系统以取得较高的企业绩效。本书通过提出这样一个命题，并用实证数据去检验这个命题以发展已有的理论。

（2）已有的关于企业业绩评价指标的实证研究，主要分析企业非财务指标的价值相关性，但是并没有深入研究非财务指标的内部结构，而国外的相关研究已经将非财务指标划分为客观非财务指标与主观非财务指标，分别研究其价值相关性。尽管如此，大部分经验研究都是从量的角度衡量非财务指标，分析这两类非财务指标的价值相关性，即通过问卷调查数据，分析企业使用非财务指标的数量与企业绩效的关系。这类研究对非财务指标的度量较为粗糙，因为非财务指标使用的数量并不能决定最终的业绩评价指标体系，还必须考虑非财务指标在整个业绩评价指标体系中的权重。只有从非财务指标的量和质两个方面度量，才能较为准确地检验其价值相关性。基于上述的理论分析，本书通过问卷调查对业绩评价指标的量和质两个方面测量业绩指标的采用程度，并分析其价值相关性。质的衡量主要是通过被调查者对相应指标的重视程度进行评分，这样有助于更加准确地探讨企业业绩评价指标的应用程度，及其对企业绩效的影响。

（3）基于我国特殊制度背景的实证分析。由于我国特殊的
制度背景，国外已有的经验研究结论并不一定能够解释我国企
业的特有现象。我国的国有企业与民营企业在企业内部管理上
存在较大的差别，尤其体现在业绩评价指标的应用上。我国从
1999 年就开始由政府相关部委发布企业绩效评价文件，其主要
针对各级国有企业。后来又对这些文件进行了相应的修订。但
是这些文件对企业业绩评价指标的设定，其评价主体是作为国
有企业所有者代表的国资委，对企业进行业绩评价或者考核，
并不属于企业内部管理的业绩评价系统。国资委对国有企业的
业绩评价是否会给内部管理层施加压力，以至于管理层将这些
指标作为企业内部管理业绩评价指标呢？这是一个有待实证检
验的命题。在我国，国有企业肩负一定的社会职能，存在预算
软约束等问题，其参与市场竞争的程度不高。这与西方国家私
有企业所处行业的市场竞争程度有本质的区别，那么西方文献
所得出的研究结论在我国国有企业中将是如何表现的呢？如果
有其特殊性，那么这个特殊性体现在何处？这些都是有待实证
检验的命题。然而，已有的研究几乎没有考虑我国国有企业的
特殊情况，而是将两种完全不同性质的企业样本合并在一起进
行实证检验。这种方式得出的研究结论其可信度有待商榷。本
书正是基于上述的理论思考，根据我国的制度环境，将问卷调
查得到的研究数据分为两个样本：一个是国有企业样本；一个
是民营企业样本。预期国有企业会使用较多的非财务指标，其
中包括较多的主观非财务指标，比较重视企业员工的福利、社
会责任的履行、思想政治表现等。而民营企业的表现跟西方文
献的研究结论差别不大，将根据不同的企业环境和经营战略选
择使用一些非财务指标，但是主观非财务指标使用程度较低，
即使使用主观非财务指标也主要跟生产经营相关。

（4）已有的基于权变理论的管理会计经验研究，大部分都

是将企业内部业绩、市场业绩和财务业绩的得分通过因子分析合成一个企业业绩变量进行分析。以私营企业为主体的西方市场经济体中，这种度量企业业绩的方式能够得到较为合理的解释。但是在我国处于转型经济的社会主义市场经济体中，国有企业主导国家经济命脉，国有企业所有者缺位、内部人控制、在职消费等公司治理问题导致企业内部代理成本较高。因此，国有企业的内部业绩、市场业绩表现与企业的财务业绩相关度不高。如果将三者合并成一个业绩变量进行考察，就无法清晰地展现企业内部管理控制的有效性，因为制度的缺陷（如：在职消费）会抵消内部管理对企业财务业绩的正向作用。基于上述理论分析，本书关于企业绩效的衡量，主要借鉴平衡计分卡的思想，将企业绩效分为内部业绩、市场业绩和财务业绩。相对于民营企业样本组，国有企业业绩评价指标正相关于企业内部业绩、市场业绩，但是与财务业绩不相关，主要原因是国有企业内部代理成本较高。

（5）已有研究沿着"环境→业绩评价→业绩"或"战略→业绩评价→业绩"等路径进行理论分析和实证检验，本书打通了环境、战略、管理控制系统与企业业绩之间的逻辑关系，沿着"环境→战略→业绩评价→企业业绩"的逻辑路径进行研究。由于企业战略控制系统是对企业外部环境的反应，管理控制系统对企业经营战略做出反应并且实施战略，最后对企业绩效产生影响，本书弥补了已有文献将环境、战略与管理控制系统割裂开来研究的缺陷，将环境、战略与业绩评价系统进行有机整合，并考察其业绩效果，有助于更好地理解企业外部环境对企业业绩的作用路径，实现内外环境作用机制一体化研究。

2

文献综述

为了反映业绩评价指标选择研究的全貌，突出本书的研究问题对该领域研究文献的贡献，本章将根据上章提出的业绩评价指标选择理论分析框架，从业绩评价指标选择的影响因素与经济后果两个方面对该领域已有文献进行全面回顾和深入评述。其中，关于业绩评价指标选择的经济后果，已有研究文献形成两大思想流派：一个流派不考虑权变因素而强调业绩指标的多元化；一个流派强调业绩指标选择与权变因素的匹配。这两类研究的理论基础也不相同：强调业绩指标多元化的研究运用代理理论去解释；强调业绩指标的选择与经营战略匹配的研究运用权变理论去解释。因此，本部分将按照代理理论与权变理论分别评述业绩评价指标选择的经济后果。

2.1　业绩评价指标选择的影响因素

基于权变理论的研究表明，选择适当的管理会计技术依赖于特定的组织环境（Gordon 和 Miller，1976；Hayes，1977；Otley，1980）。具体到业绩评价指标的选择问题，非财务指标的使用是一个内生变量，其受到众多外生环境因素的影响，当然使用非财务指标的业绩后果也受到这些环境因素的调节作用的影响。业绩指标的最优选择是众多因素的函数，比如战略计划、公司的投资机会集和高管薪酬等（Ittner 和 Larcker，1998），大量的管理者认为一味地强调财务指标并不能较好地实现这些功能。Bushman et al.（1996）和 Ittner et al.（1997）实证检验非财务指标的使用与战略计划、情景因素和组织环境之间的关系，发现战略、管制、产品生命周期、财务困境和财务指标的噪音都会影响非财务指标的采用。Ittner 和 Larcker（2001）发现业绩评价指标的选择是组织竞争环境、战略和组织设计的函数。不难看出，业绩评价指标的选择受到众多外生因素的影响，只有当外生环境因素与业绩指标选择相匹配时，才能有效发挥业绩评价系统实施战略的作用。由此可见，准确地识别影响业绩评价指标选择的权变因素，对指导业绩评价系统的设计将变得异常重要。本书通过对已有文献的总结，发现业绩评价指标选择的影响因素有：组织规模、环境不确定性、产品生命周期、组织设计、财务困境、经营战略和财务指标的噪音等。

（1）组织规模

Hoque 和 James（2000）用 66 家澳大利亚制造业企业的问卷调查数据，考察了组织规模、产品生命周期与市场地位对企业使用平衡计分卡的影响，并进一步检验了平衡计分卡使用的业绩后果。实证研究发现，组织规模越大，企业越倾向于使用平衡计分卡；企业的市场地位与平衡计分卡的使用不存在显著的关系；平衡计分卡的使用能够改善企业业绩，并且不受组织规模、产品生命周期和市场地位的调节。

（2）环境不确定性

企业所面临的环境不确定性对业绩评价指标的选择会产生重要影响。企业所处市场环境的不确定性程度越高，则其面临的市场竞争压力越大，从而对业绩评价系统的设计影响越大（Tymon、Stout 和 Shaw，1998）。Gul（1991）发现企业所处的市场环境不确定性程度越高，其管理会计系统就越倾向于使用复杂的管理技术。Gosselin（2005）发现组织面临的环境不确定性程度越高，采用非财务指标的程度越高。具体的行业和竞争压力也将影响业绩评价指标的选择。Ittner et al.（1997）认为非财务指标在管制行业被较为广泛地使用，因为在公用事业行业，监管部门将职位晋升跟非财务目标的取得挂钩。而且管制行业的政府干预将导致这些行业的企业更加重视非财务指标。同时，

Bushman et al.（1996）和 Ittner et al.（1997）都发现有证据表明，管制和竞争压力使得许多公用事业行业和电信行业在高管薪酬计划中使用非财务指标，即受管制企业比非受管制企业将使用更多的非财务指标。潘飞和张川（2008）发现市场竞争程度与财务指标的采用程度呈显著正相关关系，而与非财务指标的采用程度不相关。Fleming et al.（2009）运用 104 家中国上市制造业公司的数据实证检验发现，市场竞争程度与增长战略正相关，环境不确定性与增长战略负相关，但是增长战略与综合业绩评价系统的使用正相关。

（3）产品生命周期

Richardson 和 Gordon（1980）认为企业生命周期对业绩评价指标的选择具有重要的影响，与处于成熟期的企业相比，处于成长期的企业将更多地使用非财务指标，较少使用财务指标。Bushman et al.（1996）发现产品生命周期越长，财务指标的信息含量越低，而非财务指标将更有信息含量。Hoque 和 James（2000）发现企业的新产品比例越高，企业越倾向于使用与新产品相关的业绩指标。

（4）组织设计

关于组织设计对管理控制系统的影响，通常将组织的分权程度作为组织设计的替代变量。早在 20 世纪 80 年代，就有学者发现组织结构的分权程度会影响企业管理控制系统的设计，如 Chenhall 和 Morris（1986）、Govindarajan（1988）都发现组织设计的分权程度是企业管理会计系统设计需要重点考虑的权变因素。Damapour（1991）也发现，组织的分权程度与管理技术创新之间存在正相关关系，分权程度较高的企业更倾向于采用新的业绩评价技术（如 BSC），使用更多的非财务指标。Gosselin（2005）发现组织分权程度越高，非财务指标的采用程度也越高。王华兵和李雷（2011）运用问卷调查数据实证检验，发现分部间的战略协同程度越高，分部经理激励契约中的非财务指标权重就越高。

（5）财务困境

Ittner et al.（1997）认为财务困境公司为了避免企业破产，将更多地关注短期收益，因此财务困境公司将更多地使用短期财务指标，即财务困境公司比健康的公司更少使用非财务指标。

（6）经营战略

大量研究已经检验经营战略对企业会计与控制系统设计的影响。Govindarajan 和 Gupta（1985）发现采用前瞻型战略的企业（增加销售额和市场份额）比采用防守型战略的企业（最大化短期利润）更重视非财务业绩指标，如新产品开发、市场份额、R&D、客户满意度等。类似地，Simons（1987）和 Simons（1995）发现采用防守型战略的企业更多地使用财务业绩指标（如：短期预算额）。Ittner et al.（1997）研究发现采用创新导向的前瞻性战略的企业比采用防守型战略的企业更重视非财务指标。采用防守型战略的企业通过改善企业内部经营效率，最小化企业运行成本，以维持已有的产品和市场份额。这种战略取向的企业倾向于使用短期财务业绩指标评价企业的经营效率，以获得短期利润最大化（Govindarajan 和 Fisher，1990）。相反，采用前瞻型战略的企业通过新产品研发等创新活动，寻求新的产品和市场份额，但是这种创新活动并不能带来立竿见影的企业利润，而是有助于企业的可持续发展，在可预见的未来为企业带来高的利润增长。这样一来，对于前瞻型战略的企业来说，短期的财务业绩指标并不能反映出管理者为了企业长期的战略目标而做出的努力，而非财务业绩指标是一种过程指标，能够及时地反映企业经营过程情况。因此前瞻型战略的企业需要使用非财务业绩指标来反映管理者当期做出的管理努力。因此我们预期追求未来战略目标的企业在与管理者的薪酬合约中更重视非财务业绩指标。

Daniel 和 Reitsperger（1991）、Ittner 和 Larcker（1995）、Ittner et al.（1997）认为采取质量战略的企业将更多地使用非财务指标以反映公司为了改善质量所做出的努力。Abernethy 和 Lillis（1995）研究发现采用弹性生产战略的企业；Perera、Harrison 和 Poole（1997）发现采用顾客导向生产战略的企业更多地使用非财务业绩指标。Gosselin（2005）使用 101 份加拿大制造业企业问卷调查数据，发现采用前瞻型战略的企业使用非财务指标的程度较高。

（7）财务指标的噪音

由于财务指标自身存在业绩评价噪音，其并不能完全解决管理者与所有者之间的信息不对称问题，因此需要引入非财务业绩指标以缓解财务业绩指标的噪音。Ittner et al.（1997）发现财务指标的噪音与薪酬合约中非财务指标的相对重要性正相关。

2.2　业绩评价指标选择的经济后果

由于传统的财务业绩评价指标存在滞后性、短期性和单一性等缺陷，从 20 世纪 80 年代开始，人们开始对传统的财务业绩评价指标体系提出质疑。主张在传统的财务业绩评价指标体系基础上引入非财务指标，形成综合业绩评价指标体系，其中最为著名的是卡普兰和诺顿于 20 世纪 90 年代提出的平衡计分卡（BSC）。他们认为非财务业绩指标是财务业绩指标的前置指标（Leading Indicator），着眼于企业长远发展，是未来企业业绩的指示器。自从实务界开始引入非财务指标进行业绩评价开始，学术界就从不同角度实证检验非财务指标是否能够给企业带来相应的业绩后果，并形成了两种不同的观点。一个是代理理论观点，认为凡是能够提供代理人行为增量信息的指标都应该被纳入代理人薪酬契约中。该观点倡导企业业绩评价体系应该是一个包含财务指标与非财务指标的多维业绩评价体系，业绩评价指标体系的多维化与企业业绩正相关。另外一个是权变理论观点，认为不存在一个在所有环境下都适用的管理会计控制系统，不同的组织环境下企业应该采用不同的业绩评价指标体系（Otley，1980），只有业绩评价系统与相应的组织环境相互匹配，才能改善企业的管理会计控制系统效率，提高组织绩效。因此大量的管理会计经验研究文献，都在探索管理会计控制系统使用的重要权变因素，这些权变变量与管理会计控制系统之间的匹配是否能够提高企业绩效。

2.2.1 代理理论视角

代理理论认为信息的有用性决定业绩评价指标的选择，任何一个能够提供有关代理人行为增量信息的业绩指标都应该包含在薪酬契约中。而且只有当该指标关于管理者行为的信息超过已有业绩指标组合时，该指标才能包括在业绩指标组合中（Holmstrom，1979）。基于代理理论的研究认为，业绩评价体系应该包含财务指标与非财务指标的多维业绩指标，即业绩评价多元化观（Measurement Diversity）。业绩指标多元化是否能够提高组织业绩？众多学者对该问题存有争议。所谓"评价什么就得到什么"，通常管理者有动机去关注有业绩指标对其绩效进行评价的活动，而往往忽视上级管理者不对其绩效进行评价的活动。业绩评价指标的单一性可能导致管理者只关注能够实现该业绩指标的活动，甚至以牺牲其他与实现企业战略相关但是没有进行评价的活动为代价，出现"功能紊乱"（Dysfunction）行为，提高管理者的代理成本。根据经济学中的代理理论观点，以实现企业经营战略为目标，对管理者行为进行全方位业绩评价，将有助于降低管理者的功能紊乱行为和代理成本。因此，改变传统的单一财务业绩评价指标体系，引入主观和客观非财务指标体系，提高业绩评价指标体系的多元化和综合性，激励和约束管理者的行为，进而实现企业经营战略，改善企业业绩。所以，增加业绩评价指标的多元化，能够改善企业业绩。大量实证研究文献已经证明，在不存在业绩评价成本的情况下，包含非财务指标的激励措施能够改善管理者合约的有效性，因为仅仅从财务指标的角度不能全面反映管理者为实现企业经营战略做付出的努力（Datar et al.，2001；Feltham 和 Xie，1994；Hemmer，1996）。分析式研究进一步证明使用主观业绩评价指标所带来的收益。由于管理者行为不能完全由客观业绩指标衡量，主观业绩指标与客观业绩指标存在互补关系，对客观业绩指标不能衡量的行为进行一个有效的补充，使得整个业绩评价体系更加全面、公平，因此主观业绩指标有助于缓解客观业绩指标导致的管理行为扭曲。Said et al.（2003）运用问卷数据和档案数据实证检验非财务指标的使用（设置虚拟变量）对公司当前和未来业绩（总资产报酬率 ROA 与市场回报率）的影响。研究发现，非财务业绩指标的使用能够显著改善公司当年和未来的市场业绩表现，部分支持对会计业绩的影响，而且非财务业绩指标与公司业绩之间的关系随着公司经营和竞争特征的变化而有所变化。Ittner、Larcker 和 Randall（2003）使用 140 家美国金融服务公司的数据，实证检验了两种战略业绩评价方法（评价指标多元化、与公司战略和价值驱动因素的匹配）、评价系统满意度和经济价值（ROA、销售增长率、第一年市场收益率、第三年市场收益率）三者之间的关系。研究发现，评价指标多元化（尤其是广泛使用非财务指标）比采取类似战略或价值驱动因素的公司获得更高的评价系统满意度，具有更高的市场回报。Banker、Potter 和 Srinivasan（2000）使用一家酒店管理公司经营的 18 家宾馆 72 个月的时间序列数据，实证检验非财务指标对公司未来业绩的影响。研究发现，顾客满意度指标与公司未来财务业绩显著正相关，而且实施包含非财务指标的激励计划之后，公司未来的非财务与财务业绩都有所改善。Ittner 和 Larcker（1998）使用客户、经营单元和公司三个层面的数据考察客户满意度指标的价值相关性。研究发现，客户满意度指标与未来会计业绩显著正相关；客户满意度指标对股市具有经济价值，但是仅部分地反映在当前会计账面价值中，该指标的公布能够带来股票的超额收益。张川等（2006）通过对 76 家中国国有企业的实证研究，发现企业的服务满意度与未来的销售利润率和净资产收益率呈正相关关系。进一步地，张川等（2008）通过对 158 家中国企业的调查问卷数据，从代理理论角度发现非财务指标采用程度与企业绩效正相关。

2.2.2 权变理论视角

权变理论认为，每个组织的内在要素和外在环境条件各不相同，因而在管理活动中不存在一种适合于所有组织环境的最优管理原则和方法。成功管理的关键在于对组织内外环境的充分了解和有效的应变策略。基于权变理论的研究认为业绩评价系统的最优设计依赖于组织的特征和组织所面临的经营环境。业绩评价系统的设计和使用过程中，不同的组织环境下企业应该使用不同的业绩评价指标体系（Otley，1980）。根据权变理论的思想，加入非财务指标的综合业绩评价系统也不一定适合于所有的企业，要想改善业绩评价系统的功能，必须选择与企业特征和组织环境相匹配的业绩评价指标。Langfield - Smith（1997）认为业绩评价指标的选择必须与企业的经营战略和价值驱动因素（Value Driver）相匹配。因此，企业业绩评价系统所使用的业绩评价指标并不是越多越好，引入的非财务指标也不是越多越好，高于或低于企业战略或价值驱动因素所需要的业绩评价指标，都会降低业绩评价系统的功能，进而损害企业的业绩。张川等（2008）以 158 家中国企业的调查问卷数据，从权变理论角度发现相对于选择差异化战略的企业，选择成本领先战略的企业采用非财务指标会得到更好的业绩后果。这与已有的英文文献研究结论不一致。Fleming et al. （2009）通过对 104 家中国制造业上市公司的实证检验，发现采取增长战略的企业，更倾向于采取综合业绩评价系统，最终得到更高的战略业绩。

只有当业绩评价系统与组织战略匹配程度较高时，组织业绩才能提高。Ittner 和 Larcker （1995）、Chenhall （2003）认为缺乏检验"战略→业绩评价→业绩"三者关系的经验证据，其中仅有的几篇关于生产战略的研究得出的结论还模棱两可。同时，已有的研究大多数都是将业绩指标划分为财务业绩指标和非财务业绩指标，这种分类方式较为粗糙。Van der Stede et al. （2006）将非财务指标进一步划分为客观非财务指标和主观非财务指标，发现重视质量生产战略的企业更多地使用客观与主观非财务指标，但是只有质量生产战略与主观非财务指标的适当匹配能够提升企业的业绩。胡奕明（2001）提出价值相关分析方法，认为非财务指标的选择应以对价值贡献的多少为基准。也就是说，业绩指标选择的终极标准就是以价值为导向。按照权变理论的思路，首先应该从确定企业价值的驱动因素开始，然后根据企业的内外部环境确定企业采取的经营战略，最终选择能够实现企业经营战略的业绩评价指标。

2.3 **本章小结**

20 世纪 90 年代开始，我国学者开始关注我国企业业绩评价问题。特别是随着我国政府监管部门于 1999 年颁布《国有资本金效绩评价规则》之后，我国学术界围绕业绩评价问题的研究热情更是空前高涨。此后，为了加强对国有企业的管理，国资委等相关部委陆续出台《国有资本金效绩评价操作细则》《企业集团内部效绩评价指导意见》《中央企业综合绩效评价实施细则》等文件，其中只有《企业集团内部效绩评价指导意见》涉及企业内部管理业绩评价，其他的规范都是关于企业外部业绩评价问题的。在此制度背景下，我国学者就国有企业绩效评价问题发表了大量的论文，但是大多数论文均采用规范研究方法，其主要研究内容就是借鉴国外最新的企业绩效评价工具，认为我国企业绩效评价应该引入非财务指标，建立综合业绩评价体系，实现国有资本的保值增值目标。

虽然国外关于业绩评价指标选择的经验研究文献较多，但是国内对于该问题的经验研究还较少。另外一方面，关于该问题的理论探讨文献却很多，尤其是在我国政府部门对国有企业绩效评价越来越重视的情况下，国内学者对该问题的研究也逐渐增多。诚然，我们对该问题的理论认识比较清晰，但是关于企业内部管理业绩评价问题并没有引起学者的足够重视，而更多的是关注企业外部绩效评价，更谈不上经验研究了。众多的理论研究结论没有得到我国企业数据的验证，那我们对该问题的认识始终是有缺陷的。本书正是基于国内外的学术研究现状和我国特殊的制度背景下，运用经验研究方法考察我国企业的内部管理业绩评价指标选择问题，以推进我们对该问题的理论认识。我国学者张川对该问题进行了一定的探索，并获得了一些有价值的研究结论，但是部分研究结论与我们通常的认识存在偏差。那么存在偏差的原因是什么？其内在作用机制究竟如何？这是引发本书选题的一个重要原因。通过对我国制度背景的深入分析，结合国内资本市场会计研究的一贯设计思路，本书将从样本企业性质的角度分析不同样本企业在该逻辑路径"环境→战略→业绩评价→企业业绩"的不同表现。如果能够将该问题进行更深层次的研究，将有助于我们更清晰、更准确地认识我国国有企业与民营企业不同的管理模式，也为业绩评价研究文献做出贡献。

3

制度背景与理论基础

要科学认识经营战略对企业业绩评价系统的作用机理，有必要清晰地梳理国内外企业业绩评价系统的发展过程，以充分展现企业业绩评价指标体系研究的实践基础。在此基础上，本章进一步地分析企业业绩评价指标选择的理论基础，以深化对企业业绩评价指标选择的理论认识。

3.1　西方企业业绩评价的历史演进

随着社会经济的发展进步，企业内部管理实践的变革也在不断向前推进。作为企业内部管理实践的重要一环，企业业绩评价技术与企业内部管理实践的发展相伴相随。已有文献对西方企业业绩评价发展史进行了较为科学、详尽的划分与分析，其中具有代表性的研究是张蕊（2001）和池国华（2005）。张蕊（2001）将西方企业经营业绩评价发展史划分为三个时期：成本业绩评价时期（19世纪初—20世纪初）、财务业绩评价时期（约20世纪初—20世纪90年代）和企业业绩评价指标体系的创新时期（20世纪90年代至今）。池国华（2005）从企业内部业绩评价的角度将西方企业业绩评价划分为五个阶段：成本业绩评价时期、会计业绩评价时期、经济业绩评价时期、战略业绩评价时期和利益相关者业绩评价时期。后者在前者研究的基础上，将西方企业业绩评价体系的演进史进一步细分和扩充。尽管后者的研究能够更加清晰地展现业绩评价体系的历史演进过程，但是这五个阶段的归类并不明确，未形成逻辑一致的时期划分。其实，会计业绩评价时期与经济业绩评价时期就是财务业绩评价时期，只是经济业绩评价是在传统以会计数字为基础的业绩评价不适应企业管理的情况下出现的更有管理效能的一种评价方法。而战略业绩评价时期与利益相关者业绩评价时期就是企业业绩评价的创新时期，战略业绩评价时期的代表性工具是平衡计分卡，利益相关者业绩评价时期的代表性工具是绩效三棱镜。利益相关者理论认为，企业是利益相关者的合约，而利益相关者主要包括投资者、管理者、员工、顾客、供应商、政府、社区等。平衡计分卡只考虑了股东、顾客与员工三个利益相关者的利益，绩效三棱镜就是针对平衡计分卡的不足而提出的。同时，绩效三棱镜也具有战略管理理念和功能，只是其更加全面地考虑了其他利益相关者的利益。因此，池国华（2005）提出的战略管理业绩评价时期与利益相关者业绩评价时期可以合并为战略业绩评价时期。根据对已有文献的回顾和上述的理论分析，本书将西方企业业绩评价演进史划分为三个阶段：成本业绩评价时期（19世纪初—20世纪初）、财务业绩评价时期（20世纪初—20世纪90年代）和战略业绩评价时期（20世纪90年代至今）。

3.1.1 成本业绩评价时期（19世纪初—20世纪初）

对于一个企业而言，管理控制系统是上下级管理者之间实现有效沟通的重要信息渠道。管理控制系统所生产的管理控制信息是有关企业内部管理的信息，其有利于上级管理者对下级管理者的控制、评估与激励。但是，在19世纪之前，企业内部并不存在管理层级和长期雇员，几乎不需要管理控制信息。因此，19世纪以前，并不存在现代意义上的业绩评价，更不用说业绩评价系统。由于工业革命的兴起，具有内部层级结构的企业开始大量出现在纺织、铁路和钢铁产业中，这些企业的出现进一步催生了对管理控制信息的需求（池国华，2005）。

19世纪上半叶，纺织业得到了迅速的发展。由于纺织企业规模的扩大和企业内部管理层级的建立，企业主需要对内部管理者的经营业绩进行评估，并据此对管理者进行激励与约束。于是，纺织业企业主开始在梳理、纺织、编织和漂白过程中按照每码成本或每磅成本建立内部经营效率评价指标（张蕊，2001）。虽然早期的业绩评价指标很简单，但是这些指标有助于企业主监督内部管理者，有效地满足了企业主的需要，极大地促进了多过程生产、多层级企业的发展。

19世纪中期，铁路企业是当时规模最大、经营最复杂、部门最分散的企业组织。为了监督分散在各地的下级管理者，铁路企业的管理者根据铁路管理的实际设计了适合的业绩评价指标，如每吨公里成本、每位顾客公里成本等。这些指标都有效地帮助了铁路企业的管理者评估企业经营效率。铁路业管理者创立的许多管理新方法被应用到随后发展起来的钢铁企业。一批重视成本管理的钢铁企业家，利用成本计算单对成本进行控制，并依次为依据评价部门管理者和员工的业绩乃至整个企业的业绩。

19世纪末，随着资本主义经济的进一步发展，传统的成本评价制度作为一种事后的分析计算方法，不利于企业的预测与控制，已不能满足资本家最大限度地提高生产效率以攫取利润的目的。于是，建立一套以成本控制为核心的成本会计制度成为必要。1903年，泰罗创建了科学管理理论，其主要思想是将企业内部生产程序标准化，以此提高企业的生产效率，降低生产成本，提高企业利润。在此基础上，1911年会计学者哈瑞创建了标准成本制度。标准成本制度的建立，转变了人们的成本控制观念，由被动的事后分析转变为主动的事前预算和事中控制，从而实现企业的成本控制目标。因此，该时期评价企业经营业绩的主要指标就是标准成本的执行情况和差异分析结果（张蕊，2001）。这个时期设计业绩评价指标的目的并不是为了评价企业的总体利润，而是为了核算企业生产成本以激励部门管理者提高企业的管理效率。

3.1.2　财务业绩评价时期(20世纪初—20世纪90年代)

财务业绩评价时期经历了两个阶段:会计业绩评价时期与经济业绩评价时期。这两个阶段的显著特征都是对企业的财务业绩进行评价,所不同的是会计业绩评价时期主要从利润、销售利润率、投资报酬率等财务指标角度评价企业的财务业绩,并没有考虑企业的权益资本成本。针对传统会计业绩评价指标的缺陷,股东价值最大化的价值管理观念催生出经济业绩评价技术。

20世纪初至20世纪70年代属于会计业绩评价时期。20世纪初,资本主义经济已进入稳步发展阶段,自由竞争已经发展到垄断竞争,从事多种经营的大型企业得到迅速的发展。此时,传统的成本业绩评价方法已经不能满足大型大企业集团对部门或者分部的管理。1903年,为了协调多层级的企业组织结构和资源的有效配置,杜邦公司管理层提出具有创新性的企业管理方法,设计多个业绩评价指标,其中最具影响力的是投资报酬率,该指标为评价企业整体和部门业绩提供了重要的依据,有效地促进了企业管理效率的提升。投资报酬率可以进一步分解为两个重要的财务指标——销售利润率和资产周转率,这两个指标成为企业财务业绩分析的重要依据。随着杜邦公司、通用汽车公司等多部门企业的发展,投资报酬率指标的应用范围才得到拓展。到了20世纪70年代,投资报酬率成为应用最为广泛的财务业绩评价指标。尽管当时非财务指标已经开始出现,但是从20世纪初到20世纪80年代,业绩评价的主流指标还是以销售利润率、投资报酬率等为代表的会计业绩指标。

会计财务指标虽然应用广泛,但随着现代市场经济的发展,价值管理观念越来越深入人心,企业的目标从利润最大化发展为股东价值最大化。企业管理思想的转变同时也影响着传统业绩评价方法的改变，传统的业绩评价方法越来越无法反映企业真实的经营业绩。在这种背景下，美国先后出现了几种新的业绩评价方法，其中最引人注目的方法就是经济增加值（EVA）评价方法。EVA（Economic Value Added）指标是由美国纽约Stern Stewart 公司于 1991 年正式提出的。该公司每年计算全美1 000 家上市公司的经济增加值（EVA）和市场增加值（MVA），并在《财富》杂志刊登。EVA 指标最突出的特点是从股东角度定义利润，同时考虑债务资本成本和权益资本成本，并通过对会计账项的调整更加真实地反映了企业业绩。投资收益率高低并非企业经营状况好坏和价值创造能力高低的评估标准，关键在于其是否超过权益资本成本。与传统财务业绩指标相比，EVA 指标的设计着眼于企业的长期发展，鼓励企业管理者做出能给企业带来长远利益的投资决策，如企业的研发投资、人力资源投资等。同时，将管理者的报酬与 EVA 指标挂钩，能够优化企业的资源配置效率，有效地约束管理者的机会主义行为，促使管理者更加关注企业的长期价值最大化。

3.1.3　战略业绩评价时期（20 世纪 90 年代至今）

20 世纪 90 年代以来，以美国为代表的西方成熟市场经济体开始由工业经济向知识经济转轨。强调财务资本重要性的工业经济时代，开始逐渐意识到智力资本对企业发展的重要性。知识资本已成为经济发展的原动力，体现于生产技术和管理技术中的知识资本是企业发展的核心资源，是影响企业价值增长的关键驱动因素[①]。因此，培育企业的核心竞争力实现企业的可持续发展就成为企业管理者需要思考的重要问题。企业管理者越

---

① 微软和英特尔公司不约而同地说出这样的心声："员工下班之后，公司几乎一无所有！"

来越深刻地意识到有必要对企业财富创造过程进行管理，对价值创造的动因进行管理，培育企业的核心竞争力。也就是说，管理者在业绩评价环节，不仅需要评价企业的财务业绩，还需要关注非财务业绩，如员工的学习与创新能力、内部业务流程、市场与客户满意度等。面对不同的市场竞争环境，企业需要采取不同的竞争策略，其关注的核心竞争能力有所不同，需要重点考察的非财务业绩也有所差异。但是，传统的财务业绩评价方法无法充分揭示创造价值的动因及其可持续性问题，也就无法预测企业未来财务绩效。据此，实务界与理论界逐渐将企业战略、非财务指标与财务指标联系起来，逐步从财务业绩评价时期过渡到战略业绩评价时期。

　　战略业绩评价模式最具代表性的是平衡计分卡。1992 年，卡普兰（Robert S. Kaplan）和诺顿（David P. Norton）在《哈佛商业评论》（*Harvard Business Review*）上发表一篇题为《平衡计分卡：驱动业绩的指标》（*The Balanced Scorecard：Measures that Drive Performance*）的文章，标志着以平衡计分卡为代表的战略业绩评价方法的诞生。作为 20 世纪 90 年代最重要的管理会计创新之一，平衡计分卡较好地解决了企业战略、评价指标和业绩之间的关系问题，受到理论界和实务界的广泛关注。于是，一种体现"环境→战略→行为→过程→结果"一体化逻辑基础，以战略为导向，立足财务指标，财务指标与非财务指标相融合，具有"因果关系"的战略业绩评价理念便应运而生（胡玉明，2009）。在保留主要财务指标的同时，平衡计分卡引入创造企业价值的动因：顾客、内部业务流程、学习与成长。上述四个维度构成平衡计分卡的基本框架，但是平衡计分卡既不是这四个维度的简单组合，也不是非财务指标与财务指标的简单拼凑，它是与企业战略相联系的有机整体。财务是最终目标，顾客是关键，内部业务流程是基础，学习与成长是核心（胡玉明，

2010）。基于 21 世纪的战略管理情境，以战略为导向的业绩评价理念和方法显得尤其重要，企业战略决定了应该关注的业绩评价指标及其权重。任何伟大战略的实施都离不开财务资源的支持，而任何战略之所以伟大就在于最终能够创造财务资源。平衡计分卡的理念与此不谋而合，其立足于财务指标，但又超越财务指标，充分揭示出财务指标的驱动因素以实施企业战略。也许每个企业都制定了伟大的战略，但是伟大的战略并不会自然实现，它需要一个设计精良的战略实施系统，平衡计分卡正好满足了战略实施的需要，其通过业绩指标的选择描述战略，化战略为行动，从而能够有效地实施战略。

在一个组织中，平衡计分卡将战略转化为可操作的经营指标及每位组织成员的日常工作任务，是企业战略实施的基本工具。尽管平衡计分卡四个维度具有内在逻辑性、环环相扣，但是其主要考虑股东、顾客与员工三个利益相关者，在实践运用中存在一定的缺陷。对组织而言，要在 21 世纪保持基业长青，必须考虑所有重要的利益相关者的诉求，由于这些利益相关者对组织创造价值的能力具有重大的影响，组织需要努力地去满足这些诉求，才能让组织最大化地创造价值。诚然，股东、顾客与员工是企业重要的利益相关者，但是他们只是企业所有利益相关者中的一部分。在现代信息经济社会中，如果仅仅考虑他们三者的利益，而忽视其他利益相关者的需求将是一种短视且不可持续的做法。基于此，Neely et al.（2002）以利益相关者理论为基础提出一种新的业绩管理框架——业绩三棱镜（Performance Prism）。利益相关者理论认为，任何一个企业都有许多利益相关者，如股东、顾客、员工、供应商、政府、社区等，他们都对企业进行了专用性投资并承担由此带来的风险，企业的生存与发展取决于它能否有效地满足各种利益相关者的需求以及满足这些需求的程度。企业要实现可持续发展，首先就必须清楚地了解企业的利益相关者及其需求；然后根据各利益相关者的需求制定经营战略，通过战略的有效实施以满足利益相关者的需求；为了实施战略，企业必须建立能够有效执行战略的流程；为了保证流程的顺利执行，必须具备相应的核心能力；最后，企业应该与利益相关者建立良好的互动关系，在满足利益相关者需求的同时也获取他们对企业的贡献。因此，绩效三棱镜包括相互联系的五个构面，分别代表利益相关者的需求、贡献、战略、流程和能力。对于每个利益相关者，都需要从这个五个方面进行业绩评价。绩效三棱镜的上底代表利益相关者的需求，即需要明确企业的主要利益相关者及需求；绩效三棱镜的下底代表利益相关者的贡献，即利益相关者可以给企业带来什么？三棱镜的三个侧面分别代表战略、流程和能力，为了满足利益相关者的需求，企业需要制定何种战略？企业需要何种流程才能有效地执行企业战略？企业需要何种核心能力以顺利地运作该流程？相比平衡计分卡来说，绩效三棱镜更加全面地考虑了企业的利益相关者，满足企业的利益相关者需求并不断获得利益相关者的支持，强调企业与利益相关者的互动关系。池国华（2005）认为绩效三棱镜与平衡计分卡最大的不同在于绩效三棱镜业绩评价的起点不是公司战略，而是利益相关者分析。然而，本书认为绩效三棱镜与平衡计分卡并不存在本质的区别，两者都是战略业绩评价工具。平衡计分卡在制定企业经营战略之前，也需要分析利益相关者的需求，只是说其关注的利益相关者主要是三个：股东、顾客与员工，最终目的是实现企业价值最大化。更何况，四个维度只是平衡计分卡的一个基本框架，其本身是一个开放性的系统，企业完全可以也应该根据其战略和行业特征，设计与其管理情境相匹配的平衡计分卡[①]

[①] 胡玉明教授认为平衡计分卡就是一种管理理念，管理理念本身与管理理念的运用并不是一回事，管理理念运用涉及经理人身临其境地感悟企业的管理情境。

（胡玉明，2009）。运用平衡计分卡的企业也可以根据企业的经营战略和所在行业的特征对四个维度做出适当的调整，这也就意味着完全可以增加股东、顾客与员工以外的其他利益相关者。因此，平衡计分卡与绩效三棱镜在管理理念上是同质的，都是一种战略管理工具。

综上所述，从 20 世纪初期以成本控制为核心的成本模式到 20 世纪中期以财务业绩为核心的财务模式，再到 20 世纪末以股东、顾客与员工为核心的平衡模式，直到 21 世纪以利益相关者为核心的利益相关者模式，业绩评价的价值取向逐渐呈现出从单一的投资者到多元利益相关者的演变趋势（温素彬、黄浩岚，2009）。

3.2　中国企业业绩评价的发展历程

由于我国是从计划经济体制渐进式地转轨为市场经济体制，而且目前正处于转轨经济过程中，因此我国企业的管理方式被经济体制打上了深深的烙印。不可避免地，我国企业的业绩评价理论与方法具有浓厚的中国特色。相比西方成熟市场经济体，我国经济较多地受到政府干预行为的影响，不止表现在宏观经济干预政策上，还表现在社会微观领域的实际运行过程中，比如国有企业的内部管理问题。我国经济发展目标是建立社会主义市场经济体制，其不同于西方资本主义国家以私有制经济为主体的市场体系，关系我国经济发展命脉的重点行业和领域被大量国有经济所掌控，突出地表现在大量央企和地方国有企业的存在，并对国家重点行业的发展形成垄断的局面，比如能源、电信等行业。基于此背景，为了加强国有企业的管理与控制，国家相关部委陆续颁布一系列的企业业绩考核办法，以达到国家的经济发展目的。由此可以看出，我国经济发展方向的确立与调整对我国企业业绩评价的发展历程产生了重要的影响。企业业绩评价指标体系的变化是企业经营环境的变化内生的。

中国企业业绩评价的演进过程具有其不同于西方发达经济体的显著特征，最初产生的业绩评价方法并不是出于增强企业诚信和提高资源配置效率的需要，而是为了加强国有企业管理，保障企业实现政府目标的计划管理措施之一①。随着我国国有企业改革的不断向前推进，中国企业业绩评价制度与国有企业改革相辅相成。通过详细地梳理我国政府相关部委与管理机构颁布的业绩评价规范与指南（见表 3.1），本书将我国企业业绩评价指标体系的发展过程分为四个阶段。

表 3.1　　我国企业业绩评价指标体系的发展过程

时间	名称	发布机构	业绩评价指标	特点
1949—1976 年	无	无	产量、质量、节约降耗等	对国有企业实行高度集中的计划经济管理体制
1977 年	《工业企业8 项技术经济指标统计考核办法》	国家计委	产品产量、品种、质量、原材料燃料动力消耗、流动资金、成本、利润和劳动生产率	为促进企业全面完成国家计划，提高经济效益
1992 年	《工业经济评价考核指标体系》	国家计委、国务院生产办、国家统计局	产品销售率、资金利税率、成本费用利润率、全员劳动生产率、流动资金周转率和净产值率	国有企业业绩评价方法的历史进步，对企业经营管理行为具有导向作用，得到广泛的认可和使用

① 王化成，等. 企业业绩评价 [M]. 北京：中国人民大学出版社，2004：198.

表3.1(续)

时间	名称	发布机构	业绩评价指标	特点
1993 年	《企业财务通则》	财政部	流动比率、速动比率、应收账款周转率、存货周转率、资产负债率、资本金利润率、营业收入利税率和成本费用利润率	从偿债能力、营运能力和获利能力方面评价企业经营业绩，仍具有计划经济色彩
1995 年	《企业经济效益评价指标体系（试行）》	财政部	销售利润率、总资产报酬率、资本收益率、保值增值率、资产负债率、流动比率、应收账款周转率、存货周转率、社会贡献率和社会积累率 10 项指标	从投资者、债权人和社会贡献三方面评价企业，引导企业提高综合经济效益
1997 年	对 1992 年《工业经济评价考核指标体系》进行修订	国家经贸委、国家计委、国家统计局	总资产贡献率、资本保值增值率、资产负债率、流动资产周转率、成本费用利润率、全员劳动生产率和产品销售率 7 项指标	从盈利能力、偿债能力、营运能力和发展能力四个方面评价工业经济的整体运行状况
1999 年	《国有资本金效绩评价指标体系》	财政部、国家经贸委、人事部、国家计委	8 项基本指标、16 项修正指标和 8 项评议指标，分别从财务效益状况、资产营运状况、偿债能力状况和发展能力状况四个方面对企业业绩进行综合评价	初步形成财务指标与非财务指标，客观指标与主观指标的相结合的业绩评价指标体系
2002 年	《企业效绩评价操作细则（修订）》	财政部、国家经贸委、中央企业工委、劳动保障部和国家计委	8 项基本指标、12 项修正指标和 8 项评议指标	对 1999 年《国有资本金效绩评价操作细则》的修订，进一步完善了企业效绩评价方法

表3.1(续)

时间	名称	发布机构	业绩评价指标	特点
2003 年	《中央企业负责人经营业绩考核暂行办法》	国务院国有资产监督管理委员会	涵盖年度考核和任期考核，由基本指标和分类指标组成。年度考核的基本指标是年度利润总额和净资产收益率，分类指标综合考虑反映企业经营管理水平及发展能力等因素确定；任期考核的基本指标是国有资产保值增值率和三年主营业务收入平均增长率，分类指标综合考虑反映企业可持续发展能力及核心竞争力等因素确定	国资委根据企业所处行业和特点，客观财务指标与主观定性评价相结合，评价结果与经营者薪酬挂钩
2006 年	《中央企业综合绩效评价管理暂行办法》	国务院国有资产监督管理委员会	企业综合绩效评价分为任期绩效评价和年度绩效评价。由反映企业盈利能力状况、资产质量状况、债务风险状况、经营增长状况四方面内容的 22 个财务绩效指标和 8 个管理绩效指标组成	引入了反映企业战略管理、经营决策、发展创新、风险控制、基础管理、人力资源、行业影响、社会贡献等方面的管理绩效指标
2009 年	《中央企业负责人经营业绩考核暂行办法（修订）》	国务院国有资产监督管理委员会	年度业绩考核基本指标包括利润总额和经济增加值指标，分类指标综合考虑企业经营管理水平、技术创新投入及风险控制能力等因素确定；任期业绩考核以三年为考核期，基本指标包括国有资本保值增值率和主营业务收入平均增长率，分类指标综合考虑企业技术创新能力、资源节约和环境保护水平、可持续发展能力及核心竞争力等因素确定	突出企业价值创造；加强对企业自主创新、做强主业和控制风险的考核，引导企业关注长期、稳定和可持续发展

3.2.1　实物量评价阶段

20世纪70年代以前，我国处于计划经济时期，实行高度集中的计划经济管理体制，国有企业只是作为国家经济管理部门的派生机构，并不具有经营自主权。国有企业使用由政府无偿划拨的资金和生产要素，由政府根据国家发展的需要制定生产的产品种类、规格、产量，实行统收统支，利润上缴，损失核销的管理机制。在此背景下，政府对国有企业的业绩考核以实物量考核为主，国有企业的主要考核指标是产量、质量、安全生产、降耗等。虽然产值和利润指标也在国有企业业绩考核范围之内，但是国有企业所需的生产资料等由政府定价，产品也由国家按照计划价格收购，企业的生产成本并不能真实地反映出来，因此该时期的利润指标并不能真实地反映企业经营业绩。况且这种以实物量为主的业绩考核方法会助长国有企业经营人员不计成本地扩大企业规模，从而造成国有企业经营效率的低下，不利于企业的技术创新。

3.2.2　产值和利润评价阶段

20世纪70年代末至90年代初，政府对国有企业的业绩考核主要以产值和利润考核为主。20世纪70年代末，中国开始实施改革开放，监管部门和理论界逐渐认识到扩大国有企业经营自主权对提高经济效率的重要性。为了提高国有企业经济效益，1977年国家计委发布《工业企业8项技术经济指标统计考核办法》，该办法以产量、品种、质量、流动资金、成本、利润和劳动生产率等指标考核国有企业。此后，国家扩大国有企业的经营自主权，对国有企业开始逐步实施放权让利式改革。随着国有企业经营自主权的扩大，国有企业拥有了较为独立的商品生产权。国家对国有企业的考核逐步过渡到以产值和上缴利税为主要指标的考核阶段。但是，国家对国有企业的业绩考核并未完全抛弃计划控制，却已深刻认识到单一考核指标已不能适应国有企业的业绩管理，开始逐步使用综合业绩评价体系。

20世纪80年代后期，国有企业改革引入承包制。国家为国有企业规定利润承包指标，如果企业完成利润指标，允许企业按比例实施利润留成，并将企业的工资福利与企业的利润挂钩。1998年年底，承包制已经在国有大中型企业全面铺开，达到93%。虽然大部分国有企业都实行了承包制，但是国家作为所有者对国有企业经营业绩进行综合考核的问题并没有得到真正的解决，反而出现了企业经营者利用经营自主权侵占国有资产的现象。因此，这一时期采取的单纯以利润或上缴利税为主要内容的考核办法，客观上导致了国有企业经营行为的短期化。

3.2.3 投资报酬率评价阶段

20世纪90年代开始，社会主义市场经济逐渐取代传统的计划经济，现代企业制度逐步建立，中国开始探索以投资报酬率为核心的业绩评价指标体系。

在总结80年代国有企业改革的经验教训基础上，1991年中央工作会议提出将经济工作重点转移到经济效益上来，防止片面追求速度和产值，忽视企业经济效益的现象发生，突出效益指标作为工业企业考核的重要指标。为了贯彻中央经济工作会议精神，1992年国家计委等部门提出6项考核工业企业经济效益的指标，包括产品销售率、资金利税率、成本费用利润率、全员劳动生产率、流动资金周转率、净产值率。这套指标体系对国有企业的经营管理行为具有明显的导向作用，是国有企业业绩评价方法的重大进步。1993年党的十四届三中全会明确提出国有企业改革的方向是建立适应市场经济要求的现代企业制度。为了满足现代企业制度建设的需要，1993年财政部颁布

《企业财务通则》，分别从偿债能力、营运能力和盈利能力三个方面评价企业财务状况与经营成果。在此基础上，1995年财政部公布了企业经济效益评价指标体系，包括销售利润率、总资产报酬率、资本收益率、保值增值率、资产负债率、流动比率、应收账款周转率、存货周转率、社会贡献率、社会积累率10项指标。1997年国家根据新的形势对1992年颁布的工业企业经济效益评价指标体系进行了调整，包括资本保值增值率、总资产贡献率、资产负债率、流动资产周转率、全员劳动生产率、成本费用利润率和产品销售率。这两套评价指标体系是企业经营业绩评价方法的巨大进步，对纠正片面强调产值和发展速度具有重要的意义。但是，也存在局限性，缺乏反映企业成长性的指标，容易诱发企业的短期行为；将税收作为企业的经济效益进行考核，具有强烈的行政色彩。

20世纪90年代末，政府对国有企业的管理逐步转向对国有资产的管理。1999年，财政部等部委颁布《国有资本金效绩评价规则》和《国有资本金效绩评价操作细则》，包括8项基本指标、16项修正指标和8项评议指标，分别从财务效益状况、偿债能力状况、资产营运状况和发展能力状况四个方面综合评价企业业绩。2002年，财政部等部委对1999年颁布的《国有资本金效绩评价操作细则》进行修订，重新颁布了《企业效绩评价操作细则（修订）》。修订后的操作细则包括8项基本指标、12项修正指标和8项评议指标构成，具体构成及权重见表3.2。

2006年，为加强对国资委履行出资人职责企业的财务监督，规范企业综合绩效评价工作，综合反映企业资产运营质量，促进提高资本回报水平，正确引导企业经营行为，制定并颁布了《中央企业综合绩效评价管理暂行办法》和《中央企业综合绩效评价实施细则》。该绩效评价体系以投入产出分析为基本方法，对照相应行业评价标准，对企业特定经营期间的盈利能力、债务风险、资产质量、经营增长以及管理状况等进行综合评判。

表 3.2　　　　　国有资本金效绩评价指标及权重

指标类别(100分)	基本指标(100分)	修正指标(100分)	评议指标(100分)
一、财务效益状况 (38分)	净资产收益率(25) 总资产报酬率(13)	资本保值增值率(12) 主营业务利润率(8) 盈余现金保障倍数(8) 成本费用利润率(10)	经营者基本素质(18) 产品市场占有能力(16) 基础管理水平(12) 发展创新能力(14) 经营发展战略(12) 在岗员工素质(10) 技术装备更新水平(10) 综合社会贡献(8)
二、资产营运状况 (18分)	总资产周转率(9) 流动资产周转率(9)	存货周转率(5) 应收账款周转率(5) 不良资产率(8)	
三、偿债能力状况 (20分)	资产负债率(12) 已获利息倍数(8)	速动比率(10) 现金流动负债率(10)	
四、发展能力状况 (24分)	销售增长率(12) 资本积累率(12)	三年资本平均增长率(9) 三年销售平均增长率(8) 技术投入比率(7)	

企业综合绩效评价指标由 22 个财务绩效定量评价指标和 8 个管理绩效定性评价指标组成，如表 3.3 所示。

表 3.3　　　　中央企业综合绩效评价指标体系

评价内容 与权数		财务绩效(70%)				管理绩效(30%)	
		基本指标	权数	修正指标	权数	评议指标	权数
盈利能 力状况	34	净资产收益率 总资产报酬率	20 14	销售利润率 盈余现金保障倍数 成本费用利润率 资本收益率	10 9 8 7	战略管理 发展创新 经营决策 风险控制 基础管理 人力资源 行业影响 社会贡献	18 15 16 13 14 8 8 8
资产质 量状况	22	总资产周转率 应收账款周转率	10 12	不良资产比率 流动资产周转率 资产现金回收率	9 7 6		
债务风 险状况	22	资产负债率 已获利息倍数	12 10	速动比率 现金流动负债比率 带息负债比率 或有负债比率	6 6 5 5		
经营增 长状况	22	销售增长率 资本保值增值率	12 10	销售利润增长率 总资产增长率 技术投入比率	10 7 5		

3.2.4　经济增加值评价阶段

2009 年年底，国资委发布了新修订的《中央企业负责人经营业绩考核暂行办法》，决定从中央企业负责人第三任期（2010—2012）开始，全面推行经济增加值考核。在整个业绩评价指标中，经济增加值指标权重为 40%，而利润总额指标只占 30%。由此看出，国资委对中央企业的关注重点由企业资产规模和利润总额转移到了以经济增加值（EVA）为导向的价值创造能力。从 2004 年开始，年度考核与任期考核相结合的经营业绩考核办法在中央企业全面实施。对央企负责人的年度考核是小考，任期考核是大考。推行任期考核是为了使央企负责人立足于企业的长远发展，避免短期行为。国资委建设业绩考核管理制度，主要分为三个阶段，从 2004 年开始，以三年为一个任期。第一任期（2004—2006）主要是解决建制度、上轨道的问题；第二任期（2007—2009）重点是上台阶、上水平；第三任期（2010—2012），国资委将在中央企业全面推行经济增加值考核办法，目的之一是引导企业科学决策、谨慎投资，不断提升企业价值创造能力。总体来说，国资委业绩考核管理分成三个阶段：第一阶段，以目标管理为重点，实施国有资产经营业绩考核的起步工作；第二阶段，以战略管理为重点，将年度考核与任期考核结合起来；第三阶段，以价值管理为重点，以 EVA 最大化为导向，建立起科学合理的国有资产业绩考核体系①。

2003 年，国资委颁布《中央企业负责人经营业绩考核暂行办法》，标志着国资委将开始以出资人的身份对中央企业负责人进行业绩考核。对中央企业负责人的考核涵盖年度考核和任期考核，由基本指标和分类指标组成。年度考核的基本指标是年

---

① 赵治纲. 中国式经济增加值考核与价值管理［M］. 北京：经济科学出版社，2010：88-89.

度利润总额和净资产收益率，分类指标综合考虑反映企业经营管理水平及发展能力等因素确定；任期考核的基本指标是三年主营业务收入平均增长率和国有资产保值增值率，分类指标综合考虑反映企业可持续发展能力及核心竞争力等因素确定。

2006 年，国资委对《中央企业负责人经营业绩考核暂行办法》进行修订，其基本考核方式和考核指标与 2003 年相比没有大的差异。但是，本办法中鼓励企业使用经济增加值指标进行年度经营业绩考核。凡企业使用经济增加值指标且经济增加值比上一年有改善和提高的，给予奖励。因此，第二任期可以认为是国资委推行经济增加值指标的过渡阶段，虽然没有将经济增加值指标的使用写入该办法，但是已经开始鼓励央企使用经济增加值指标，这也为第三任期的全面推行经济增加值考核打下了基础。

2009 年，国资委第三次修订《中央企业负责人经营业绩考核暂行办法》，提出年度业绩考核基本指标包括利润总额和经济增加值指标，分类指标由国资委根据企业所处行业特点，针对企业管理"短板"，综合考虑企业经营管理水平、技术创新投入及风险控制能力等因素确定；任期业绩考核以三年为考核期，基本指标包括国有资本保值增值率和主营业务收入平均增长率，分类指标综合考虑企业技术创新能力、资源节约和环境保护水平、可持续发展能力及核心竞争力等因素确定。国资委的第三次修订突出企业价值创造；加强对企业自主创新、做强主业和控制风险的考核，引导企业关注长期、稳定和可持续发展。

3.3　业绩评价指标选择的理论基础

3.3.1　代理理论

　　近 30 年来，代理理论（Agency Theory）成为管理会计研究尤其是业绩评价研究中最为重要、最有影响力的理论基础之一（Lambert，2006）。代理理论吸引管理会计研究者的主要特征是能够让研究者将利益冲突、激励问题和控制激励问题的机制引入模型中进行研究，因为管理会计中的大多数问题都与激励约束有关。从基础层面上来讲，在管理会计研究中代理理论主要解决两大问题：一是管理会计系统特征如何影响企业中的激励问题？二是激励问题的存在又是如何影响管理会计系统结构设计的？

　　在简单的代理模型中，涉及两类人：委托人和代理人。实质上，代理理论就是一种契约理论，当某人（委托人）委托他人（代理人）为自己做事时，就产生了委托代理关系。代理人为了委托人的利益而采取某些行动，委托人应向代理人支付相应的报酬，委托代理关系通过双方共同认可的契约来确定各自的权利和义务。在现实中，委托代理关系具有普遍性，存在于一切组织，存在于企业的每一个管理层级上。代理理论的核心就是委托人为了实现自己的目标，必须设计一套有效的激励机制，使得代理人能够按照委托人的利益去行动，最大限度地增进委托人的利益。委托代理关系的实质就是契约问题，而契约问题的实质就是信息，其中委托人与代理人之间的信息分布不对称是最为重要的信息问题。在企业管理实践中，所有权与经营权的分离，使得公司的管理者比所有者掌握更多的私有信息。

从企业内部管理层来讲，下级管理者或者员工处于生产经营的一线，比上级管理者掌握着更多的生产经营信息。由于委托代理双方信息的不对称，以代理人占有私有信息为特征的信息不对称产生两种基本代理问题：第一，逆向选择，即在执行契约之前，代理人占有某些私有信息，可能造成委托人选择一种对自己不利的契约；第二，道德风险，即在执行契约过程中，代理人占有某些私有信息，据以选择不利于委托人的利己行为，而委托人由于时间和精力有限，不可能完全监控代理人行为信息，就无法证实代理人选择的行为是违背契约的。由于经济主体的利己动机是普遍存在的，委托人与代理人的效用目标函数是不一致的，相关信息的分布是不对称的，因此代理人就可能选择损害委托人的利己行为，这就产生了代理人的道德风险问题。为了解决道德风险问题，委托人通常设计激励机制诱发代理人的努力程度，按照委托人的利益去行动。由于代理人的努力程度很难被观察到，代理人有可能减少投入（时间或努力程度）或采取机会主义行为达到自我效用的最大化。委托人想使代理人按照自己的利益选择行动，但委托人不能直接观察到代理人的所有行动信息，能够观测到的主要是一些结果变量，这些结果变量由代理人的行动和其他的一些外生随机因素共同决定①。委托人就是利用能够观察到的这些结果变量，设计相应的激励约束合约，以激励代理人选择对委托人最有利的行动。激励合约的主要表现形式就是业绩评价系统和薪酬系统。Holmstrom（1979、1982）提出一个风险中性的委托人雇佣一个风险厌恶的代理人经营企业，如果代理人的行为都可以观察，则委托人可以通过实时监督，消除代理人的偷懒行为和机会主义行为等代理成本，委托人可以给代理人一个固定工资实现最

---

① 张川. 业绩评价指标的采用与后果——基于我国企业的实证研究 ［M］. 上海：复旦大学出版社，2008：9.

优。然而，现实中代理人的努力和外生随机因素较多地表现为不可观察，或者说即使可以观察，但是监督成本太高而脱离了成本效益原则，仅仅可以观察到企业的产出业绩，那么只能退而求其次选择次优解。委托人与代理人风险共担，代理人的报酬与企业产出相联系，激发代理人努力工作提高企业的产出。委托人设计一个业绩评价系统，并将委托人期望的目标指标化①，最后以函数的形式将代理人的薪酬与业绩评价指标联系起来。基于此契约，代理人选择最有利于自身效用实现的一组行为向量，包括筹资、经营或投资决策。这些决策与其他外生随机变量一起决定业绩指标的实现程度②。委托人的主要问题就转化为设计一个科学合理的、最能反映委托人利益的业绩评价系统，并据此通过薪酬激励系统奖惩代理人。

无论委托人采取何种方式激励代理人努力工作，了解企业的真实业绩是进行激励的先决条件。我们知道，当代理人的行为不能直接被观察但企业的业绩可以观察时，委托人通过让代理人分享企业产出的方式能够解决激励约束问题。但是，实践中企业产出也是一个内涵丰富的概念，比如短期业绩与长期业绩、财务业绩与非财务业绩、主观业绩与客观业绩、会计业绩与经济业绩等。如果企业产出的计量结果与代理人的努力程度不相关或相关度不高，则可能出现激励不相容问题。因此，对企业产出的业绩计量也是需要一个系统、科学的方法才能准确地进行衡量。

如何对企业业绩进行科学的计量？建立一个科学的业绩评价系统对企业至关重要。业绩评价系统包括评价目标、评价指标、评价标准和评价方法。其中，业绩评价指标的选择是最为

---

① 委托人目标指标化，即按照委托人的目标利益，运用一个或者一组业绩评价指标对该目标利益进行衡量，以全面、准确地反映该目标利益。

② 高晨. 管理者业绩评价与激励前沿问题研究——基于中国企业情境下的理论探索与创新［M］. 北京：经济科学出版社，2010：34-35.

关键的因素。因此，代理理论在业绩评价领域的一个重要应用就是对业绩指标选择标准的界定。Holmstrom（1979）首先提出业绩评价指标引入激励契约的选择标准：信息含量准则。他认为决定一个业绩评价指标是否引入代理人激励契约中，首要标准就是看其是否具有信息含量，即这一指标的引入是否能够提供关于代理人行为的增量信息。如果这一指标包含的信息具有已有的其他指标没有完全包含的信息，则该指标就应该被纳入激励契约中。在此基础上，Banker 和 Datar（1989）进一步发展了业绩指标信息含量观点，认为业绩指标的信息含量主要包括两个方面：敏感性①（Sensitivity）和准确性②（Precision）。Feltham 和 Xie（1994）认为一个好的业绩评价指标应该具备两大质量特征：一致性③（Congruity）和准确性。我们认为敏感性与准确性意思相近，都是指业绩评价指标对代理人行为的反映程度，可以将其合二为一。综合上述文献的观点，业绩评价指标的选择标准是"一准则，二特征"。"一准则"是指信息含量准则，只要该指标能够提供关于代理人行为的增量信息，就应该将其选入激励契约中；"二特征"是指一致性和敏感性特征，即首先业绩评价指标反映的企业业绩应该符合委托人的利益，然后该指标的变动主要受代理人行为的影响，受噪声污染较少。

3.3.2 权变理论

权变理论（Contingency Theory）思想于 20 世纪 60 年代初开始萌芽，于 20 世纪 70 年代作为一个管理学派而形成。权变就是

---

① 敏感性是指代理人行为发生变动对该指标的影响程度。当影响程度大时，则敏感性高；反之亦反。

② 准确性是指业绩评价指标对代理人努力水平进行反映的精确程度，或者代理人所无法控制的因素对业绩评价指标的影响程度。影响程度越小，则该指标的准确性越高。

③ 一致性是指代理人行为对业绩评价指标的影响与对委托人预期收益的影响之间的相符程度。相符程度高，则该指标的一致性程度高。

随机制宜、随机应变。权变理论的核心思想就是组织的环境决定组织的设计。权变理论认为，在企业管理中企业组织结构的设计根据企业所面临的内外部环境而定，企业环境发生变化则企业的组织结构需要做出相应的改变以适应组织环境，实践中不存在一种普遍适用的管理理论与方法。权变理论的基本思想是企业管理方法与技术随企业所面临的内外部环境的变化而变化。管理因变量与环境自变量之间存在一种函数关系，即权变关系。作为因变量的管理思想、方法和技术随环境自变量的变化而变化，以便更有效地达到组织目标（贺颖奇，1998）。企业环境可分为外部环境与内部环境。外部环境可以从宏观和微观两个方面来划分，外部宏观环境指社会、政治、经济、文化和法律等；外部微观环境指竞争者、供应商、客户等。内部环境指企业内部组织系统，包括组织结构、决策程序、协调机制等。对于组织来说，外部环境属于外生变量，内部环境属于企业内生决定变量，在适应外部环境的过程中，组织主要通过变革内部环境要素来实现。因此企业内部环境变量与外部环境变量之间是相互关联的。

权变模型的因变量是企业业绩，权变理论的核心要义认为企业业绩是企业环境（权变因素）与组织结构（战略管理会计系统）适当匹配的结果。环境与组织结构之间的适配构成连续集，组织可以通过较小的调整，从一种适配状态移向另一种适配状态，即组织可以连续地调整其组织结构对环境变化做出反应。由于每个企业的环境与组织结构的匹配程度有高有低，因此企业业绩就会表现出高低之分。组织结构与企业环境匹配度高的企业就会表现出较好的业绩，两者匹配度低的企业就会表现出较差的业绩。

从 20 世纪 90 年代开始，权变研究方法迅速主导了管理会计经验研究范式。Chenhall（2003）对管理会计的权变研究进行了一个全面的回顾。这些研究可以追溯到比较久远的历史，如：Gordon 和 Miller（1976）、Waterhouse 和 Tiessen（1978）、Ginzberg（1980）与 Otley（1980）。Chenhall 和 Langfield-Smith（1998）、Chenhall（2003）一致认为基于权变理论的管理会计研究应当将组织业绩作为因变量。Fisher（1995）认为权变会计研究的终极目标应该是构建和检验一个包括会计系统多维度、多权变变量的综合模型。

如何确定战略管理会计系统的权变因素？理论基础来源于传统的组织结构理论，其遵循这样一种研究范式：战略→结构→业绩（Anderson 和 Lanen，1999）。由于战略与较多其他组织特征具有潜在的联系，因此大量的经验研究将战略作为重点考察的权变因素。战略是影响企业组织结构的重要因素，Chandler（1962）对近 100 个美国大企业进行研究发现，公司战略的改变将引起组织结构的变化。按照他的观点，为了使企业经营更有效，当企业采用一项新战略时，要求企业组织结构发生变化与之相匹配。在斯洛文尼亚的一项实地访谈中，关于"什么因素影响企业采用战略管理会计方法？"的回答中，80%的被访谈者认为企业战略是最重要的影响因素，其次是市场竞争强度、使用管理会计方法的能力（包括会计师的能力和信息系统处理能力）和公司规模（Cadez 和 Guilding，2008）。大量的会计文献将公司规模作为一项重要的权变因素，不同规模的公司其管理会计控制系统有可能存在较大的差异。

组织是在一定背景中生存和发展的，对于企业最大的威胁之一就是其管理不能与组织背景相适应（池国华，2006）。战略是对企业所处环境的要求的一种持续适应，而管理控制系统是实现企业战略的重要手段。因此作为企业管理控制系统的重要组成部分，业绩评价系统的设计必须依据组织外部环境的不同特征进行调整。由于设计某一项业绩评价系统并不一定就有效，判断有效性的标准就是系统与组织背景的适应性，因此所有企业设计业绩评价系统都必须考虑系统要素与系统环境之间的适应性（池国华，2006）。按照权变理论的基本思想，在选择业绩评价指标时，首先要从诸多的权变变量中明确影响业绩指标选择的关键变量。根据 Chenhall（2003）对已有文献的总结，影响管理控制系统设计的权变变量主要包括：外部环境、技术、组织结构、规模、战略和文化等。战略不同于其他权变变量，因为它并不属于组织背景的一种因素，而是组织与其环境相互作用以实现组织目标的计划，是管理者影响外部环境、技术、组织结构和文化等的一种方式（池国华，2005）。据此，本书在利用权变理论研究业绩评价指标选择时，不同于已有文献将战略与企业外部环境作为同一个层面的权变变量，而是将战略作为企业外部环境内生变量，进而研究战略对业绩评价指标选择的影响。

3.3.3 管理控制理论

管理控制是基于有限资源以完成确定组织目标的系统方法。正是由于企业资源的有限性，为了实现企业的组织目标必须运用系统的方法提高资源的使用效率。安东尼将企业控制划分为三个层次：战略控制、管理控制和运营控制。三个层次的控制分别对应着企业的不同组织层级，高层管理者行使战略控制职能，中层管理者行使管理控制职能，基层管理者负责运营控制职能。管理控制在企业控制中起到承上启下的作用，上接战略下达运营，实现企业的战略落地和有效执行。在现实的企业中，管理控制是一个系统，是管理当局按照选定的战略目标，驱动企业成员向着战略目标行进并实现战略目标的机制（于增彪，2014）。于增彪（2014）提出的管理控制系统框架包括两个主体和三个要素。"两个主体"是作为控制者的管理当局和作为被控制者的企业成员，构成管理控制的上下级关系；"三个要素"是控制标准、奖惩制度和监督程序。管理控制系统的运行机制如图3.1所示，控制者通过设计控制标准、奖惩制度与被控制者签订契约，通过对被控制者业绩的计量、比较和反馈实施监督。管理控制系统运行的有效性依赖于控制者与被控制者契约签订及其执行过程的有效性。契约的签订就是控制标准和奖惩制度确立的过程，双方通过协商一致、自愿达成的控制标准和激励制度对于战略目标的实现起到关键的作用。我们主张企业内部的管理控制契约应该从不完全契约向完全契约过渡，建立合理有效的薪酬激励机制和奖惩制度。完全契约有详细的奖惩条款，员工工资与公司业绩挂钩；不完全契约就是固定工资制，干好干坏一个样。制定了较为完善的上下级激励约束契约，还需要强有力的监督执行程序作为保障，否则契约得不到有效执行就成为一纸空文。监督执行程序包括一定期间被控制者的实际业绩测量，然后将实际业绩与契约标准进行比较，观察实际业绩与标准业绩的偏差度，并分析出现业绩偏差的原因与制定相应的控制措施，最终形成被控制者标准执行的业绩反馈报告。监督程序为被控制者的业绩执行提供过程控制，及时发现被控制者执行过程中出现的行为偏差，以保证被控制者业绩目标的最终实现。如何保证管理控制机制的有效运行呢？接下来我们将从控制标准设计、奖惩制度设计和监督程序执行三个方面做较为深入的分析。

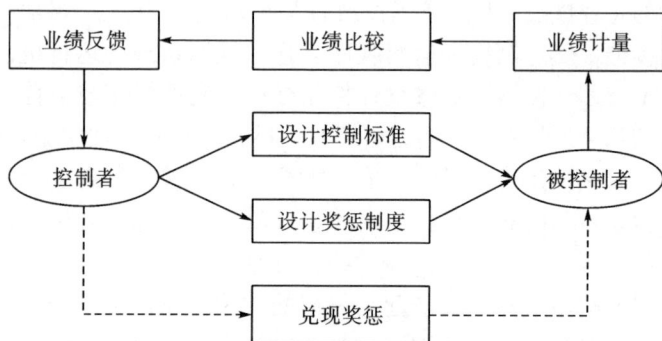

图 3.1　管理控制系统运行机制

　　管理控制作为企业三大控制的中间层级，其重要作用在于将企业的战略规划具体化，并确保战略目标的有效执行。控制者与被控制者签订的契约重心在于控制标准和奖惩制度。契约中控制标准的具体表现形式就是指标，包括指标本身及其标准值两个方面。指标本身反映了实现企业目标的战略路径，为被控制方指明了努力的方向。那么，如何界定控制标准的合理性呢？一个基本的原则就是控制标准必须与企业的战略路径相匹配。只有管理控制双方沿着既定的战略路径执行企业的运营事务，才能以最有效的方式达到战略目标的彼岸。这也就引申出来了管理控制的基本功能，那就是保证企业运行在提前规划好的战略路径上，一步一步地实现企业的目标。光有控制企业运行的路径还不够，我们还需要把握企业运行的速度和平稳性。这就如同行驶在公路上的汽车一般，有了驶向目的地的方向，还需要在行驶过程中控制好车辆的速度。汽车的行驶速度并没有绝对的快与慢，需要根据汽车本身的性能和路况的好坏来决定，与汽车的性能和路况匹配的速度就是最合适的行驶速度，否则汽车就无法顺利高效地到达目的地。同样的道理，企业发展的速度也需要控制在一个合理的区间内。这个速度就与企业的资源占有量、管理水平、行业地位和外部市场状况等因素有关。控制企业发展速度的基本方式就是确定指标的标准值。标准值基本上反映了企业处于行业的地位状况以及管理层对企业内外部环境的基本判断，比如通过调整契约中的营业收入指标标准值大小，就可以控制企业产能扩张的速度。控制者对被控制者业绩考核的指标通常划分为财务指标和非财务指标，财务指标主要来自于会计信息系统，非财务指标主要来自于企业经营信息系统。财务指标属于结果类指标，非财务指标属于过程类指标。非财务指标是因，财务指标是果。处于不同发展阶段的企业，使用的经营战略通常是存在差异的，相应的考核指标选择也是不一样的。处于不同行业的企业，其运营方式也存在较大的差别，构建企业核心竞争力的路径也是不同的。比如高新技术企业的核心竞争力就是研发能力，因此在指标设计时必须要有体现研发能力的指标。根据上述的基本逻辑，管理控制中控制标准的设计是动态变化的，指标和标准值都应该随着环境和战略路径的变化而做出适时的调整，否则企业的发展就会失去控制。如同汽车在转弯的时候还保持直线行驶的速度，就可能发生侧翻事故。

管理控制机制中的另外一个重要议题是奖惩制度，包括奖惩制度的设计与执行。奖惩制度无外乎两个方面，即激励和约束。约束机制是前提，保证被控制者的行为始终运行在既定的战略路径，不发生与企业目标、理念相违背的行为。激励机制是对被控制者正确行为的强化，目的是提高业绩完成量和完成效率。由于人的行为是受利益驱动的，为了引导被控制者实现既定的控制标准和标准值，必须将控制标准与被控制者获得的利益联系起来，使得行为人和企业的利益绑定在一块。根据"经济人"假设，人的行为是趋利避害的，如果没有相应的利益驱动机制，那么行为人更多将选择不付出努力。从这个意义上来说，企业管理控制机制的重心在于利益分配机制的设计。利益机制用好了就能有效激发行为人努力去完成企业的目标任务。合理的利益分配机制一定是将控制标准与奖惩资源结合得很充分的，两者是联动的，行为人实际业绩的变动一定导致所获利益的变化。利益也分不同的种类，一般分为物资和精神层面的。比较而言，物质利益比精神利益更重要，货币比非货币更重要（于增彪，2014）。当然，也不能一味地强调物质利益的奖惩，还需要结合被控制者的个体特征及所处的需求层次进行权衡。

控制标准和奖惩制度的设计体现在事前签订的契约中，仅仅有管理控制契约还达不到管控的基本目的，还有一个同等重要的机制就是监督执行程序。有了好的契约设计，还需要有配套的执行机制。如果没有一个强有力的执行过程，再好的管控契约都无法实现应有的效果。在企业管理实践中，控制者与被控制者签订契约之后，并不意味着可以大功告成，直到期末考核被控制者业绩就完了。被控制者标准执行过程中，控制者还需要定期监控被控制者标准的执行情况，以便及时地纠正被控制者的行为偏差。这个就是过程监督执行程序。一般有三个步骤：计量、分析和反馈。德鲁克曾说过，不能量化就无法管理，充分说明计量手段在管理实践中的重要作用。要实现精细化管理，就必须使用各种量化工具，为科学的管理决策提供数据支撑。所以，过程监督和事后评价首先要做的事情就是做出较为准确的计量，提供与决策相关而且有用的信息。当然，我们在企业管理实践中使用的信息大量来自管理会计信息系统，并不要求如财务会计信息一样准确，重点把握决策相关性和有用性，能够为业务端的管理决策提供支持。目的是打通会计信息系统的价值信息与经营信息系统的业务信息，实现"价值溯源、业务求本"目标的业务与财务的融合。有了量化的信息之后，还需要对信息进行分析。分析的过程一般是将计量的业务进度及价值实现量与控制标准的标准值进行比较，观察两者是否存在差异。如果存在差异的话，进一步判断该差异是有利差异还是不利差异，并深入分析导致差异出现的具体原因，追溯到出现差异的业务层面。只有找出出现价值差异的业务源头，才能拟订管理业务活动的初步方案，以及时纠正业务活动的偏差。最后，将计量的业绩信息、分析出现差异的原因及其拟订的方案整理成报告，及时反馈给控制者。控制者对于反馈报告的内容做出独立的评估，尤其是对于后续业务活动实施的调整方案拍板，并将分析结果和管理建议反馈给被控制者。当然，在管控契约有效的条件下，针对执行过程中出现的小偏差，控制者可以不提出相应的整改措施，交由被控制者自己做出调整措施。但是在出现较大偏差的情况下，控制者还是应该及时地与被控制者约谈，制定出合理的整改措施。至于偏差的"度"如何把握，可以根据企业的实际情况和过往的管理经验，提前在契约中约定好，使得控制者与被控制者双方在过程监督中做到有据可依。

最后一个环节是兑现奖惩，一个契约期间完毕，会计人员通过决算活动计量出被控制者在整个契约期间完成的业绩。然后，将实际业绩带入薪酬契约中设计的薪酬计算公式算出本期的薪酬。奖惩一定要严格兑现，只要是期初双方认同的薪酬契约，那么在期末就应该严格按照薪酬公式计算相应的报酬。严格执行才能体现出制度的严肃性，才能实现管理的效力。这一套体系就构成了管理控制系统的运行闭环，闭环优化是实现管理控制效力的基本途径。不论何种管理控制系统都遵循这个基本的运行规律，只是管理的内容不一样而已，我们要做的就是在这样一个设计好的闭环上对不同环节的优化处理。总之，管理控制的运行机制处于一个动态的制定标准、执行标准、对比标准和奖惩标准的过程。

3.4　本章小结

　　本章详细梳理了国内外企业业绩评价实践的历史演进过程，将西方企业业绩评价时期划分为三个时期：成本业绩评价时期、财务业绩评价时期和战略业绩评价时期；将我国企业业绩评价实践划分为四个时期：实物量评价阶段、产值和利润评价阶段、投资报酬率评价阶段和经济增加值评价阶段。进一步分析，我们发现西方企业业绩评价实践主要是企业内部管理业绩评价方法，而我国企业的业绩评价实践是由国家相关部委以强制的方式推动的，主要表现为国有企业外部利益相关者对国有企业或经营者的评价。两种截然不同的业绩评价实践主要是由中西方两种不同的经济体制所决定的。西方成熟市场经济体主要由私营企业构成，其较少地受到来自政府部门的干预，其企业业绩评价实践主要由企业内部管理需求所推动；而我国正处于转轨经济时期，国有经济占主要成分，较多地受到政府部门的干预，其业绩评价实践主要是由政府监管需要所推动的，国有企业内部管理业绩评价实践也较多地受到外部评价的影响。众所周知，企业内部管理本身是一种情境化、行为化的活动，却受到政府外部监管"一刀切"式的影响，这将让国有企业的内部管理效率大打折扣。

　　本章进一步介绍了后续研究所采用的理论基础——代理理论和权变理论。作为解释业绩评价指标选择的两大理论，其将发挥不同的理论作用。代理理论从委托人与代理人两者的代理成本角度分析，单一的财务指标或者不全面的业绩指标组都不能真实地反映代理人行为，引入非财务指标或其他能够全面反映代理人行为的指标，将能够降低代理成本，提升企业业绩。权变理论从企业组织"环境—结构"适应的角度来解读业绩评价指标的选择，业绩评价指标作为业绩评价系统的重要组成部分，其内部构成反映了企业的战略意图。只有当业绩评价指标与企业战略相匹配时，业绩评价系统才能起到执行企业战略的作用。权变理论认为，企业的成长是不断适应外部环境的过程。因此，本书将在后续的实证研究中打通"环境→战略→结构→业绩"的因果链条，运用权变理论探索上述因果链条在业绩评价指标选择中的表现。

4

数据采集与分析

本章主要分为四个部分：第一部分介绍本书所用调查问卷的设计过程；第二部分描述问卷数据的收集过程及其样本特征；第三部分阐述本书所用的数据分析工具。

4.1　问卷设计

本书使用问卷调查方法收集数据，以检验研究假设的有效性。由于本书的研究主题属于企业内部管理的管理会计问题，无法直接从公开渠道获得研究所需的数据，而且涉及企业所处环境、经营战略和业绩管理等变量的衡量，因此采用大样本的问卷调查方法能够更加有效地检验理论模型，发现企业管理会计现象的一般规律。采用问卷调查方法研究管理会计问题，是国际管理会计学术界较为常用的研究方法，也取得了大量的研究成果，对我们认识企业管理会计实践大有裨益。但是，近年来问卷调查方法在管理会计研究中的应用受到了学术界颇多的质疑，主要的质疑点就是运用问卷调查方法获取的数据的质量不高、可重复性不强，其科学性受到了威胁。然而，任何一种科学研究方法都有其适用性和局限性。研究者只能在特定的学科中不断地改善研究方法，通过提高数据获取过程的科学性来提高研究数据的质量，从而使研究结论更加贴近现实世界。

为了保证研究数据的质量，作者在问卷设计过程中充分重视已有调查问卷的理论基础、我国企业的管理实践及其研究团队的修改建议，将调查问卷的设计过程分为以下三个阶段：

第一，大量阅读与业绩评价系统相关的中英文文献，系统梳理该领域研究的基本范式，初步确定业绩评价指标选择的理论框架。通过对国内外关于业绩评价系统相关文献的分析，发现该领域大量的文献都是在解决一个核心问题——业绩评价指标的选择。该问题的研究不外乎就在探讨业绩指标选择的影响因素与业绩后果，但是已有文献对业绩指标选择的影响因素涉及较多，而且从企业的内外部环境的不同角度寻找研究变量进行检验。然而，仔细研究管理控制系统理论发现，管理控制系统的设计与实施无法回避的变量就是企业经营战略，其在管理控制系统研究中起到了承上启下的作用，外部环境对管理控制系统的影响就是通过经营战略这个中间变量发生的作用。基于此，本书就确定经营战略作为影响业绩指标选择的重要影响因素，连接企业外部环境与业绩指标的选择，并最终影响业绩指标选择的业绩后果。最终，选择四个主要的研究变量：市场竞争程度、经营战略、业绩评价指标和企业绩效。为了保持研究的延续性，在研读文献的基础上，某些变量直接借用已有文献的成熟量表，形成调查问卷的初始题项。

第二，选择具有代表性的企业有关负责人进行半结构化访谈。选择了三家企业的财务负责人和人力资源负责人，进行两个小时左右的实地访谈，以了解我国企业业绩评价实践的组织机构和业绩评价现状，重点了解这些企业选择业绩评价指标的依据及其存在的管理问题。通过对国有企业和民营企业的访谈，基本了解我国企业业绩评价系统的运行现状。由于国内外文化和企业经营机制的差异，根据实地访谈数据和变量的理论内涵，对各研究变量下的题项进行了适当的修改和补充。

第三，将本书重点研究的四个变量的测量量表在课题组内部进行讨论，课题组由一位教授、两位副教授和四位博士生组成，课题组研究话题集中在管理会计实证研究领域，而且对问卷调查方法和业绩评价问题有较为深入的研究。在课题组讨论的基础上，仔细修改各变量题项及其措辞，形成问卷初稿。随后于 2012 年 10 月对问卷初稿进行试调查，调查对象包括 4 位企业管理人员，并请他们就内容熟悉程度、题项措辞的理解程度、问卷的篇幅长短、回答所需时间等问题给出反馈意见。根据这些意见和反馈意见，再次对问卷进行修改，尽量将问卷措辞修改为实务界人士容易理解的词汇，整个问卷的长度压缩到 6 页，大概 20 分钟的时间就可以完成问卷的填写。

最终形成的问卷包括三部分内容（完整的调查问卷见附录）：第一部分是企业的基本信息，包括企业的上市情况、成立时间、所有制性质、行业性质和员工人数；第二部分是变量的调查题项，包括市场竞争程度、环境不确定性①、业务单元经营战略、业绩指标选择与重视程度、企业业绩；第三部分是问卷填写人信息，主要包括填写人的性别、学历、部门、职位和工作年限等。为了保证调查数据的有效性，本调查问卷在计分制的采用上做了较多的比较和思考。传统的调查问卷一般采用 5 点或 7 点计分制。但是，Chen（1995）发现，在问卷调查过程中，处于不同文化背景下的被调查者，其回答问题的心理倾向是不同的。奉行儒家文化的东亚国家，如中国、日本等，崇尚中庸之道。如果采用西方国家问卷调查普遍使用的奇数 Likert 量表，则东亚国家的被调查者倾向于选择位于中间的数值（刘海建、陈传明，2007）。基于这点考虑，国内不少学者采用偶数 Likert 量表进行问卷调查，如陈永霞等（2006）、刘海建和陈传明（2007）均采用 6 点 Likert 量表。目的是为了让被调查者能够在 3 与 4 之间做出较为明确的心理判断，提高研究数据的质量。

另外，为了方便被调查者填答问卷，调查问卷中的 B5 和 B7 两个题项的答案方向与其他题项保持一致，1~6 分都是表示程度从低到高。但是，B5 和 B7 的问题分别是"贵公司产品或服务占所在行业的市场份额""贵公司所在行业受政府管制程

---

① 该变量属于课题研究的需要，但并未纳入本书研究内容。

度"，被调查企业所占行业市场份额越低、受政府管制程度越低才表示该企业所面临的市场竞争程度越高。为了将 B5 和 B7 两个题项的得分与其他题项表示市场竞争程度高低的方向一致，B5 和 B7 两个题项的最终取值都是用 7 减去问卷调查得分。

4.2 数据收集

调查问卷的发放分为两个途径：现场发放和网络发放。本次调查问卷的发放与回收总共持续两个月，从 2012 年 11 月初到 2012 年 12 月底。现场发放的调查对象主要是西南财经大学 MBA 和 EMBA 学员。调查问卷发放前，事先跟西南财经大学 MBA、EMBA 中心管理人员联系确定学员的上课时间和授课老师。该校 MBA 和 EMBA 学员都是在职攻读硕士学位人员，具有较为丰富的管理实践经验，尤其是 EMBA 学员都是大型企业的高级管理人员。网络电子版问卷主要是通过校友渠道发放，可以收集到不同地区、更大范围的研究样本信息。

本次调查问卷现场发放 79 份，收回 58 份。网络发放 151 份，收回 101 份。利用两种途径总共发放调查问卷 230 份，回收 159 份，问卷回收率为 69.13%。问卷回收之后，通过对调查问卷填答情况的仔细分析，发现有一部分问卷存在问卷填答不完整或者明显的填答不认真等情况，在问卷数据录入过程中就将这部分调查样本删除掉，总共删除掉 26 份，剩下调查样本 133 份。为了提高调查问卷的数据质量，调查问卷前后设置两道意思相同的题项，通过检验前后两个题项的得分，就可以较为准确地判断被调查者填答调查问卷的认真态度。这两个题项分别是 B7 和 C5，题项 B7 的问题是"贵公司所在行业受政府管制程度"，1~6表示从"不受管制"到"完全管制"程度依次递增。题项 C5 的问题是"政府对本公司所在行业管制程度很低"，1~6表示从"完全不符"到"完全相符"程度依次递增。本调查问卷的 B 部分刻画该企业面临的市场竞争程度，被调查企业受政府管制程度越高表示该企业面临的市场竞争程度越低。为了与其他题项取值所代表程度的方向一致，B7 的取值已经通过转换，转换后的取值就表示得分越高，该企业受政府管制程度越低，则市场竞争程度越高。同样的道理，C5 的取值也表示取值越高，该企业受政府管制程度越低。一般来讲，如果被调查者填答问卷比较认真的话，前后相差 4 个题的距离，应该不会影响到被调查者对这两个问题做出比较一致的回答。基于此考虑，我们进一步对剩下的 133 份数据样本进行严格的筛选。筛选的标准是 B7 和 C5 两个题项取值的差的绝对值不超过 1，也就是说前后两个意思相同的题项取值的误差最多为 1。凡是误差大于 1 的样本，我们认为被调查者填答问卷可能不认真，样本数据质量不高。按照这个严格的数据筛选标准，通过统计有 18 份数据样本不符合上述标准，删除这 18 份样本数据之后最终供分析之用的样本数据总计 115 份，问卷的实际回收率为 50%。

4.3 数据特征

对样本严格筛选和数据准确录入后，分析所收集数据的基本特征，包括样本企业的总体特征和被调查者的基本特征。

4.3.1 样本企业特征

样本企业的总体特征主要从被调查企业的上市背景、所有制性质、所属行业类型、成立时间与员工人数等方面进行描述。

（1）上市背景

根据表4.1的信息可知，115家样本企业中上市公司有58家，占总样本企业50.43%；非上市公司有57家，占总样本企业49.57%。上市公司与非上市公司占总样本企业的比例大致相同，反映出被调查企业在上市背景特征方面具有较强的代表性。

表4.1　　　　　　　样本企业上市背景分布特征

上市背景	样本数	百分比（%）
上市公司	58	50.43
非上市公司	57	49.57
合计	115	100

（2）所有制性质

样本企业的所有制性质分布特征见表4.2，115家样本企业中，国有独资或国有控股企业有68家，占总样本企业59.13%；民营企业有33家，占总样本企业28.70%；中外合资企业有8家，占总样本企业6.96%；外资企业有6家，占总样本企业5.22%。本书的后续分析过程中，将115家样本企业的所有制性质分为两类：国有企业与民营企业。为了实证分析的方便，根据样本企业性质的具体内涵，将中外合资企业和外资企业也划归为民营企业一类；国有独资或国有控股企业划归为国有企业一类。归类之后，115家样本企业中，国有企业有68家，占总样本企业59.13%；民营企业有47家，占总样本企业40.87%。国有与民营两种性质的样本企业占总样本企业的比例相差不大，样本数也能够合理保证回归分析的有效性，因此样本企业在所有制性质方面具有较强的代表性，适合于研究设计中根据所有制性质进行的分类分析。

表 4.2　　　　　样本企业所有制性质的分布特征

所有制性质	样本数	百分比（%）
国有独资或国有控股企业	68	59.13
民营企业	33	28.70
中外合资企业	8	6.96
外资企业	6	5.21
合计	115	100

（3）行业分布

按照证监会颁布的《上市公司行业分类指引》，本调查问卷设置 13 个行业大类，制造业下设 10 个行业小类。样本企业的行业大类分布特征见表 4.3，本次调查的样本企业涵盖全部 13 个行业大类，其中制造业、金融保险业与信息技术业分别有 33 家、30 家和 10 家，分别占总样本 28.70%、26.09% 和 8.70%。属于制造业的样本企业最多，其次是金融保险业。需要说明的是，在资本市场会计研究中，由于金融行业的特殊性，其依据的会计准则和信息披露的规则不同于其他行业，因此一般将金融业样本删除掉。但是，本书研究的话题属于企业内部管理问题，使用的数据不是企业对外披露的信息，而且金融企业归根结底还是企业，只是经营对象不一样而已，所以保留金融保险行业样本并不会对研究结论产生不利的影响。

表 4.3　　　　　样本企业的行业大类分布特征

行业大类	样本数	百分比（%）
制造业	33	28.70
金融保险业	30	26.09
信息技术业	10	8.70
建筑业	7	6.09

表4.3(续)

行业大类	样本数	百分比（%）
交通运输、仓储业	7	6.09
社会服务业	6	5.22
电力、煤气及水的生产和供应业	5	4.35
房地产业	5	4.35
综合类	4	3.48
采掘业	3	2.61
批发和零售贸易业	3	2.61
农、林、牧、渔业	1	0.87
传播与文化产业	1	0.87
合计	115	100

样本企业所属制造业的细分行业分布特征见表4.4，33家制造业样本企业涵盖制造业细分行业的9个，只有在木材、家具行业没有样本企业。其中，机械、设备、仪表行业，石油、化学、塑胶、塑料行业分别有11家，7家样本企业，占总样本企业33.33%和21.21%。本书所用调查问卷设置22个行业类别，样本企业覆盖21个行业，充分说明本书所用调查样本的行业分布十分广泛，所得研究结论具有较大的行业普适价值。

表4.4　样本企业所属制造业的细分行业分布特征

制造业细分行业	样本数	百分比（%）
机械、设备、仪表	11	33.33
石油、化学、塑胶、塑料	7	21.21
其他	6	18.18
电子	3	9.09
食品、饮料	2	6.06

表4.4(续)

制造业细分行业	样本数	百分比（%）
金属、非金属	2	6.06
纺织、服装、皮毛	1	3.03
造纸、印刷	1	3.03
合计	33	100

（4）成立年限

样本企业成立年限分布特征如表 4.5 所示，样本企业成立年限分布范围广泛，既包括成立年限 10 年以下的企业 34 家，占总样本 29.57%，又包括成立年限 20 年及以上的企业 39 家，占总样本 33.91%，总体上成立年限在 10~20 年的企业居多，有 42 家，占总样本 36.52%。可见，本书的样本企业成立年限分布较为均衡，处于不同的生命周期，具有较好的代表性。

表 4.5 **样本企业成立年限分布特征**

成立年限	样本数	百分比（%）
10 年以下	34	29.57
10~20 年	42	36.52
20 年及以上	39	33.91
合计	115	100

（5）员工人数

样本企业员工人数分布特征见表 4.6，员工人数低于 100 人的小型企业有 17 家，仅占总样本的 14.78%；员工人数为 100~500 人的企业有 45 家，占总样本的 39.13%；员工人数为 500~2 000 人的企业有 31 家，占总样本的 26.96%；员工人数为 2 000~10 000 人企业有 16 家，占总样本的 13.91%；员工人数为 10 000 人及以上的大型企业有 6 家，仅占总样本的 5.22%。

在一定程度上，员工人数的多少代表企业规模的大小。从样本企业员工人数分布特征来看，员工人数在 100 人以下的小型企业与员工人数在 2 000 人以上的大型企业都比较少，分别占总样本的 14.78% 和 19.13%，大多数样本企业的员工人数分布在 100 ~ 500 人与 500 ~ 2 000 人这两个区间，分别占到总样本的 39.13% 和 26.96%。可见，样本企业的规模基本上服从正态分布，这也反映出样本企业具有广泛的代表性。

表 4.6　　　　　　样本企业员工人数分布特征

员工人数	样本数	百分比（%）
100 人以下	17	14.78
100~500 人	45	39.13
500~2 000 人	31	26.96
2 000~10 000 人	16	13.91
10 000 人及以上	6	5.22
合计	115	100

4.3.2　被调查者特征

上一节主要描述了研究对象的基本特征，目的是为了说明研究样本选择的适当性，具有较为广泛的代表性。但是，仅有研究样本的适当性还不够。后续的实证检验所使用的数据是由被调查者填答的，为了说明研究数据的适当性，还需要进一步描述被调查者的基本特征，主要涉及学历、任职部门、工作职位和任职年限。

（1）被调查者的学历分布

被调查者的学历分布特征见表 4.7，从该表可以看出，被调查者中拥有大专学历的有 9 人，占总样本的 7.83%；拥有本科学历的有 64 人，占总样本的 55.65%；拥有硕士学历的有 42

人，占总样本的 36.52%。调查问卷中设置 5 个学历层次，包括大专以下、大专、本科、硕士和博士。但是，被调查者的学历主要分布在大专、本科和硕士三个层次，没有大专以下和博士学历的被调查者。由此可见，被调查者的学历层次较高，大部分都是本科及以上的学历，占总样本的 92.17%。这说明被调查者能够胜任本次问卷调查，在一定程度上保证调查数据的质量。

表 4.7 　　　　　　　　　　被调查者的学历分布特征

学历	样本数	百分比（%）
大专	9	7.83
本科	64	55.65
硕士	42	36.52
合计	115	100

（2）被调查者任职部门分布

被调查者任职部门分布特征见表 4.8，本次问卷调查的被调查者任职部门涵盖调查问卷中涉及的所有 8 个不同部门，另有 18 位被调查者选择其他，说明被调查者来自不同企业的不同职能部门。其中，会计/财务部门和综合管理部门的被调查者居多，分别有 26 位和 24 位，占总被调查者的 22.61% 和 20.87%。由此可见，被调查者的任职部门分布较为广泛，问卷数据能够反映出不同职能部门的被调查者根据自身的工作实践和切身感受对业绩评价实践的判断。业绩评价实践是企业内部各个职能部门都会参与、跟自身利益密切相关的管理工作，因此不同职能部门的被调查者所填写的问卷数据更能说明问题、更具有代表性。

表 4. 8 被调查者任职部门分布特征

任职部门	样本数	百分比（%）
会计/财务	26	22. 61
综合管理	24	20. 87
生产制造	5	4. 35
人力资源	6	5. 22
研究开发	6	5. 22
项目管理	11	9. 57
营销/销售	16	13. 91
行政/后勤	3	2. 61
其他	18	15. 65
合计	115	100

（3）被调查者工作职位分布

被调查者工作职位分布特征见表 4.9，从该表可以看出，被调查者大部分是各个企业的管理者，其中高层管理者有 8 位、中层管理者有 36 位、基层管理者有 47 位，分别占总被调查者的 6.96%、31.30% 和 40.87%。另有 24 位被调查者选择其他，说明这些被调查者是企业的普通职员。由这些数据可知，大约 80% 的被调查者都是企业的管理者。作为管理者的被调查者对于企业外部环境、经营战略的理解更加透彻，对于企业管理实践的认知更加深入，有利于对调查问卷的相关问题的准确判断，这也在一定程度上保证了样本数据的质量。

表 4.9 被调查者工作职位分布特征

工作职位	样本数	百分比（%）
高层管理者	8	6. 96
中层管理者	36	31. 30

表4.9(续)

工作职位	样本数	百分比（%）
基层管理者	47	40.87
其他	24	20.87
合计	115	100

（4）被调查者任职年限分布

被调查者任职当前公司的工作年限分布特征见表 4.10，由于调查问卷中涉及对所在企业经营环境、经营战略和业绩评价实践的判断，因此被调查者在当前企业工作年限较长，对企业的各种情况更加熟悉，更能做出较为准确的判断。从该表可以看出，任职当前企业的工作年限 1~2 年的被调查者有 36 位，占总被调查者的 31.30%；工作年限 3~5 年的被调查者有 43 位，占总被调查者的 37.39%；工作年限 6~9 年的被调查者有 14 位，占总被调查者的 12.17%；工作年限 10 年及以上的被调查者有 22 位，占总被调查者的 19.14%。工作年限超过 3 年的被调查者大约占 70%，由此可以认为被调查者对所在企业的实际情况较为了解，基本能够准确地填答调查问卷。

表 4.10　被调查者任职当前公司的工作年限分布特征

工作年限	样本数	百分比（%）
1~2 年	36	31.30
3~5 年	43	37.39
6~9 年	14	12.17
10 年及以上	22	19.14
合计	115	100

综上所述，本节从样本企业特征和被调查者特征两个方面详细地描述了样本数据的基本特征。不管是样本企业特征，还

是被调查者特征，都充分说明样本数据具有广泛的代表性和较高的数据质量，可以运用该问卷数据进行后续的实证检验。

4.4 数据分析方法

本书主要运用中介变量模型和调节变量模型检验理论假设。Gerdin 和 Greve（2004）认为调节变量模型和中介变量模型代表两种不同的理论适配形式，它们可能都是有效的，但是在特定的情况下，只有其中一种模型符合实际情况。

4.4.1 中介变量模型

中介变量主要解释一个关系背后的原理和内部机制。研究中介变量的目的是在已知某些关系存在的基础上，探索产生这个关系的内部作用机制。因此中介变量在理论研究上至少有两个作用：一是整合已有的研究或者理论；二是解释已知关系背后的作用机制。中介变量可以分为两类：一类是完全中介；一类是部分中介。中介变量模型如图 4.1 所示，完全中介是指 X 对 Y 的影响完全通过 M，没有 M 的作用，X 就不会对 Y 产生影响；部分中介是指 X 对 Y 的影响部分是直接产生的，还有一部分是通过 M 对 Y 产生的。

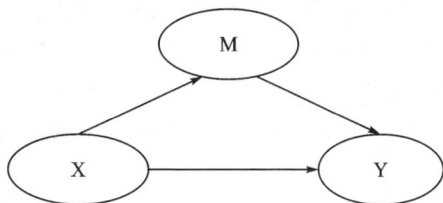

图 4.1　中介变量模型

Baron 和 Kenny（1986）提出检验中介变量的方法，包括如下几个步骤①：

（1）建立因果关系。中介作用意味着中介变量由自变量引起，并影响了因变量的变化。因果关系是建立中介作用中最重要而又经常被忽视的一个前提。一般只有用严格的实验研究才可能说明两个变量之间是因果关系。但是，组织管理学的很多研究都是采用在同一时间点收集数据的问卷调查方法，其只证明了一种相关关系。如果在研究中难以用严格的实验方法来验证因果关系，就可以通过成熟的理论基础帮助建立可信的因果关系，然后运用统计检验的方法检验理论模型。

（2）检验中介作用。通常来说，中介变量的检验需要满足三个条件：第一，自变量对因变量有显著的影响；第二，自变量对中介变量有显著的影响；第三，当控制中介变量后，自变量对因变量的影响不显著或者系数显著变小，同时中介变量对因变量有显著影响。如果控制中介变量后，自变量对因变量没有影响了，则说明为完全中介变量；如果自变量对因变量的影响显著变小，则说明为部分中介变量。

4.4.2　调节变量模型

调节变量所解释的不是关系内部的机制，而是一个关系在不同的条件下是否会有所变化，调节变量就是"视情况而定""因人而异"。调节变量的一个主要作用是为现有的理论划出限制条件和使用范围。研究调节变量就是通过研究一组关系在不同条件下的变化及其背后的原因，进而丰富原有的理论。不同条件指的是理论的内在假设和外在边界。调节变量可以发展已有的理论，使得新的理论能够更加精确地解释变量间的关系。

---

① 陈晓萍，徐淑英，樊景立. 组织与管理研究的实证方法［M］. 北京：北京大学出版社，2008：325.

调节变量和自变量在形式上处于对等的位置，都是因变量的一个动因，但是构成调节模型的一个重要前提是：调节变量与自变量、因变量都不具有显著的相关关系。如果这个前提条件不满足，则调节模型将不能准确描述变量间的真实关系。

调节作用与交互作用是两个既有联系又有区别的概念。交互作用是指两个变量（X_1 和 X_2）共同作用时对 Y 产生的影响不等于两者分别对 Y 产生影响的简单数学和。调节作用的基本模型见图 4.2，调节变量是指一个变量（X_2）影响了另外一个变量（X_1）对 Y 产生的影响。交互作用分析中，两个自变量的地位可以是对等的，把其中任何一个变量解释为调节变量；也可以是不对等的，只要其中一个变量起到了调节变量的作用，交互效应就存在。但是，在调节变量模型中，哪个是自变量，哪个是调节变量是由理论基础所决定的，两者不能随意互换。在统计检验中，两个变量的交互作用和调节作用是通过两个变量的乘积来检验的。由于自变量和调节变量往往与两者的乘积项高度相关，容易导致严重的多重共线性问题，因此运用多元回归分析方法检验调节变量的一个重要步骤是将自变量和调节变量中的连续变量进行中心化处理，即用这个变量测量的数据点减去均值，使得新得到的变量均值为零，这样能够有效地降低模型中变量间的多重共线性问题。

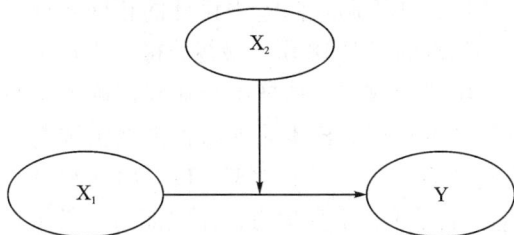

图 4.2　调节变量模型

4.5　本章小结

　　本章分四节详细地阐述了本书的研究方法，包括问卷设计过程、调查问卷的发放与回收过程、样本数据的基本特征及其数据分析方法。

　　问卷设计过程中，严格按照调查问卷设计的基本规范，保证问卷数据获取的质量。首先，通过对本书研究问题的理论分析，确定实证检验所需的理论变量，寻找国外已有文献对这些理论变量进行度量的量表；然后，通过对几家企业实地调研，充分了解我国企业的业绩评价实践，结合变量的理论内涵修改量表；最后，通过预调研和课题组讨论，发现问卷设计不合理、措辞不规范的地方，再次修改问卷。

　　本次调查问卷的发放采用两种方式：现场发放和网络发放。现场发放对象是西南财经大学 MBA 和 EMBA 学员，这些在职学员具有丰富的管理实践经验。网络发放对象是西南财经大学校友，工作于不同地区的不同行业，具有较为广泛的代表性。本次调查共计收到 159 份问卷，剔除回答不完整的问卷 26 份，剩下 133 份。然后，利用调查问卷中设计的相同题项，识别出被调查者回答不认真的问卷 18 份，最终获得有效问卷 115 份。

　　基于 115 份问卷数据，从样本企业和被调查者两个方面描述样本数据的基本特征。样本企业特征涉及被调查企业的上市背景、所有制性质、所属行业类型、成立时间与员工人数五个方面；被调查者的特征涉及学历、任职部门、工作职位和任职年限四个方面。通过对样本数据九个方面的全面描述，认为样本数据具有广泛的代表性、数据的质量较高。

第四节简单地介绍了后续章节的实证检验所使用的基本方法：中介变量模型和调节变量模型。中介变量模型主要探讨自变量与因变量关系背后的作用机制，调节变量模型探讨自变量与因变量关系的理论边界。本书运用中介变量模型检验市场竞争程度、经营战略与业绩指标选择三个变量之间的关系，运用调节变量模型检验经营战略对业绩指标选择与企业业绩关系的调节作用。

5

市场竞争程度、经营战略与业绩评价指标选择

本章实证检验业绩指标选择的影响因素，围绕"外部环境→战略控制→管理控制"这一逻辑路径，从理论层面深入分析市场竞争程度、经营战略与业绩指标选择这三大变量的理论关系，并运用问卷调查数据实证检验市场竞争程度、经营战略与业绩指标选择三者之间的数量关系。

5.1　理论分析与研究假设

本章应用中介变量模型实证检验市场竞争程度、经营战略与业绩评价指标这三个变量之间的关系。已有的理论文献认为市场竞争程度作为企业外部环境变量，企业为了适应外部环境，将调整企业的业绩评价指标的选择以应对外部环境的不确定性，即市场竞争程度将影响业绩评价指标的选择。但是，当企业外部环境发生变化时，企业首先调整其经营战略以应对环境发生的变化。企业战略的制定是对企业目标的分解、细化与落实，但是仅仅有适当的发展战略并不能实现企业的目标，还必须保证企业战略得到有效执行。而管理控制就是管理者影响组织中其他成员以实现组织战略的过程，其目的是使战略被执行，从而使组织的目标得以实现（张先治，2004）。只有与企业特定战略相匹配的管理控制系统，才能有效地执行企业战略，实现企业战略目标。因此，企业战略是企业外部环境的内生变量，而企业战略决定企业管理控制系统的设计。由于业绩评价系统主要功能是实施企业经营战略，因此也需要对业绩评价指标进行适当的调整，以满足经营战略调整的需要。据此，市场竞争程度对业绩评价指标选择的影响，将通过企业经营战略这个中介变量发生作用。通过引入企业经营战略这个变量进入模型，能够更加清晰地展现企业外部环境对企业管理控制系统的作用机理。本章使用的中介变量理论模型如图 5.1 所示。

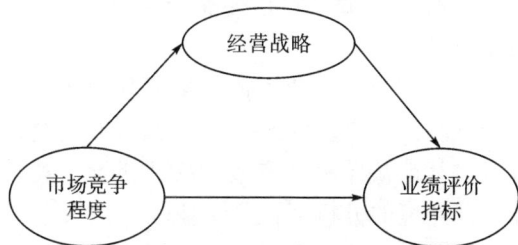

图 5.1　市场竞争程度、经营战略与业绩评价指标的理论模型

　　市场竞争是促使企业经营战略发生变化的根本驱动因素之一，而企业经营战略发生变化的根本目的是取得更好的战略和财务绩效（刘海潮和李垣，2008）。企业经营战略的变化是如何改善企业绩效的呢？从理论上说，企业战略的变化就是要实现企业内部条件与外部环境的统一。在现代战略管理理论研究中，环境→战略→绩效的研究范式一直占据研究的焦点位置。围绕环境与战略对绩效的影响究竟是环境的选择性为主导还是战略的主动适应性为主导的争议产生了具有代表性的管理理论流派：种群生态理论（Population Ecology）和战略选择理论（Strategic Choice）。种群生态理论强调环境对企业的残酷选择，战略选择理论强调企业战略在环境适应过程中的主导作用（何铮，2006）。在市场经济环境中，尽管市场竞争对企业的选择是残酷的，但是企业并不是只能消极地接受市场的优胜劣汰式的选择，企业也可以通过积极地采取应对措施适应市场环境的变化。其中，重要的应对措施就是根据企业所面临的市场环境特点，寻求竞争战略的变化，根据战略的变化，调整企业的内部管理结构，最终实现战略和财务绩效。根据这个思路，管理学界围绕环境—战略—绩效范式的实证研究文献已有数百篇，研究者从不同的时间、不同的行业和不同的分析层面对大量的理论观点进行了检验，得到了较为丰富、深刻的研究结论（何铮，2006）。从这些文献分析来看，较多的文献认同战略选择理论的观点，认为企业战略的调整可以使企业主动地适应市场环境，并最终改善企业绩效。

为了应对外部环境的变化，企业管理者就必须通过对外部环境的分析和预测，准确地判断企业所面临的各种机会和威胁，从而使管理者的战略决策能够有效地抓住机会、规避威胁。因此，对企业外部环境的分析不仅是企业战略决策全过程的逻辑起点，也是企业战略管理过程中每一个决策和行动的出发点。任何企业都是嵌入在一个特定的环境中经营的。从这个意义上来说企业战略决策是一种情景嵌入式的决策，企业战略制定者在制定企业战略时必须清楚地了解企业所处的内外部环境及其对企业战略决策会产生的影响。同时也必须清楚地了解企业的战略决策将对企业所处环境产生的影响。企业面临的外部环境包含的元素众多，并且各种因素之间存在复杂的相互联系，形成了层次化的结构特点。为了战略制定的合理性和有效性，通过将企业外部环境分为三个层次：第一层次是企业的一般外部环境，主要涉及影响企业战略选择的政治、法律、经济、文化等方面；第二层次是企业所面临的市场和产业环境，如目标市场、消费方式、商业模式、供应商、分销商、潜在进入者等；第三层次是竞争环境，主要包括竞争对手的商业模式、竞争战略选择等。这三种层次的外部环境因素之间存在明确的递进关系（如图 5.2 所示①），即一般环境的变化首先会导致市场和产业环境的变化，市场和产业环境的变化会导致竞争环境的变化，最后竞争环境的变化影响企业的战略制定行为，这是通过间接方式对企业战略行为产生影响。企业外部三种不同层次的环境因素都会对企业战略决策产生影响，即一般环境、市场与产业

① 该图引自蓝海林. 企业战略管理 [M]. 北京：科学出版社，2011：25.

环境、竞争环境分别对企业战略行为产生影响，这是直接影响方式。战略管理学理论认为，企业外部环境与企业战略之间存在作用与反作用的关系，上述我们已经分析了企业外部环境对企业战略的作用机制。接下来，我们将具体分析企业战略对企业外部环境的反作用机制。企业对外部环境的影响首先是通过战略行为的创新改变竞争环境，然后通过与竞争对手的合作和竞争行为改变企业所处的市场与产业环境，最后影响社会的一般环境。深入分析企业外部环境与企业战略行为的相互作用机制，有助于企业管理者把握外部环境变化趋势，结合企业自身的战略力量，做出最有利于企业发展的战略决策，并且能够利用企业自身的战略行为影响竞争者行为，进一步优化市场竞争环境和产业结构。

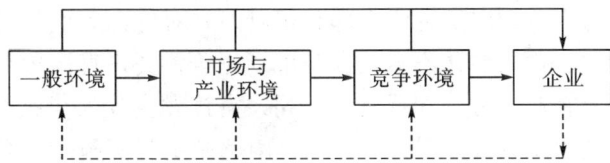

图 5.2　企业外部环境与企业战略的相互作用

从战略实施主体的角度来看，战略包括三个层次：公司层战略、经营层战略和作业层战略（于增彪，2007），不同层次的战略内涵是不同的。

公司层战略是多元化经营企业的总部为建立和发挥多行业组合优势而采取的一系列决策和行动，这些决策或行动的主要目的是实现行业组合效益的最大化，即多个行业的子公司组合管理的经济效益要大于它们作为独立企业经济效益的简单相加（蓝海林，2011）。公司层战略由公司最高管理层制定，主要涉及公司发展方向性、整体性、全局性、长远性的问题。比如公司应该进入的行业类型选择；公司应该选择的多元化类型（横向多元化或纵向多元化）；公司资源的行业投向问题；不同行业的业务经营单元之间的协同问题等。大型公司往往由不同的部门和业务经营单元组成，这些部门和业务经营单元往往在不同的行业从事生产经营活动，面对不同的客户需求，采取不同的经营战略。在这种情况下，一个好的公司战略，必须让这些业务经营单元通过协同效应实现公司资源的有效整合，为整个公司增加价值，使得一个公司的整体价值高于所有业务经营单元的价值之和。

经营层战略是指一个企业为了在一个特定的行业或者市场区域发挥自己的竞争优势而为顾客创造最大的价值和建立新的竞争优势所采取的一系列决策和行动（蓝海林，2011）。经营层战略针对企业中层管理制定，在我国企业中层指分公司或者子公司，国外指战略经营单元（SBU-Strategic Business Unit）。严格地讲，企业中层指企业内部有相对独立对外销售产品或服务的单元。企业高层并不直接参与市场竞争，真正直接参与市场竞争的是企业的分公司或者子公司，直接发生收入与成本、创造利润的也是分公司或者子公司，因此制定和实施一项有效的企业经营层战略对培育企业的市场竞争力将至关重要。同一企业内不同的战略经营单元，所面临的市场经营环境存在较大的差异，其采用的经营战略也是不一样的。经营层战略的主体是从事某个行业或者业务的经营单位，这个业务单位分为两种情况，一种是单一行业或者业务的独立法人企业；另外一种是多元化经营企业（如企业集团）中负责某种行业经营的独立子公司或者非独立的事业部。作为一个专门从事某个行业经营的独立法人企业，通过在特定的行业范围内经营实现股东价值最大化。其战略体系主要包括两个层级，一个是经营层战略，另一个是职能层战略。其中，经营层战略的制定主体是企业的战略管理者，职能层战略的制定主体是企业的职能部门经理，职能层战略的制定必须在企业经营层战略的框架下开展。在经营层战略中，企业战略管理者可以增加产品或者服务类型，直到他们认为所增加的产品或服务类型与原来的产品或服务差别越来越大，以至于需要由不同的主体按照不同的战略去经营时，此时战略制定的性质就从单一行业的经营层战略转变为多元化经营的公司层战略。在经营层战略中，如果该企业战略管理者认为某两个产品区别较大，很难放在一个经营单位中采取相同的战略去经营，这时可能会将两个产品经营业务分离，由不同的业务单元去经营，那么其战略就已经转变为公司层战略。经营层战略中，企业战略管理者也可以扩大市场范围，直到他们认为新开拓的市场区域与原来的市场区域差别越来越大，以至于需要由不同的主体按照不同的战略去经营新市场区域时，那么战略的性质就开始从单一行业的经营层战略转变为市场多元化的公司层战略。

多元化经营的企业总部是行业组合战略的决策中心，作为其下属业务单元只是行业经营的决策中心。多元化经营的企业总部战略管理者是公司层战略的决策主体，而各个业务经营单元的战略管理者只是经营层战略的决策主体。未经总部批准的情况下，业务单元的战略管理者没有权利做出进入其他行业或者市场的决策。因此，在多元化经营企业中，对于各个业务单元来说，无论它们是非独立内部单位还是独立的企业法人，其战略只能是经营层战略。

作业层战略针对企业基层和现场制定，是企业竞争优势的具体体现。作业层战略的目的在于具体满足客户需要，贯彻企业经营层战略。作业层战略主要涉及成本与效率、产品或服务质量、对客户的反应速度等。与公司层战略或经营层战略相比，作业层战略具有短期性、局部性等特点。由于作业层的各项作业直接构成企业产品或者服务在成本、价格与质量等方面的竞争优势，因此作业层战略有可能成为竞争者不可模仿或者复制的持续竞争优势。成本是由于执行一些作业而产生的，成本优势来源于能够比竞争对手更有效地完成一些特定的作业。差别化来源于对作业的选择以及执行各项作业的方式。根据企业资源基础观的思想，企业的竞争优势取决于企业所拥有的内部资源能力。也就是说，企业作业层战略的制定必须建立在对企业内部资源优势与劣势的分析基础之上。只有识别出企业内部资源的优势与劣势，才能真正制定出符合企业实际的作业层战略，并实时地改善企业内部资源能力，提高企业作业层战略的执行力，持续获得企业发展的竞争优势。综上所述，企业战略的三个层次及其战略选择如表 5.1 所示：

表 5.1　　　　　　　**企业战略层次及战略选择**

战略层次	关键战略问题	一般战略选择	战略制定者
公司层战略	公司目前的行业组合是否合适 公司应该进入哪些行业	单一行业 相关多元化 非相关多元化	公司管理者
经营层战略 （业务单元）	处理业务单元与外部环境关系的基本导向	防守型战略 前瞻型战略	业务单元管理者
	目前业务单元的使命	创建 维护 收获	业务单元管理者
	业务单元完成使命的方式	成本领先战略 差异化战略	业务单元管理者
作业层战略	如何满足客户需求 贯彻经营层战略	成本与效率 质量 对客户反应迅速	基层管理者

其中，经营层战略也有不同类型的战略选择，按照战略模式可以分为防守型战略（Defender）和前瞻性战略（Prospector）等（Miles 和 Snow，1978）；按照战略使命可以分为创建（Build）、维护（Hold）与收获（Harvest）等（Gupta 和 Govindarajan，1984）；按照战略定位可以分为成本领先战略（Cost Leadership）和差异化战略（Differentiation）等（Porter，1980）。战略模式反映业务单元处理业务与环境关系的基本导向，同一战略模式可能导致不同战略使命和战略地位的选择（池国华，2005）。基于权变理论的研究思想，企业经营战略的选择是适应企业外部环境的一种方式，合理匹配的"环境—战略"关系将是业务单元目标实现的有力保证。正如上文分析，企业的经营战略模式反映了业务单元处理业务与环境关系的基本导向，因此本书选择经营战略模式作为对企业经营战略的衡量。关于经营战略模式的分类，一般将 Miles 和 Snow（1978）的分类方法作为最基本的分类。同时，Smith、Guthrie 和 Chen（1989）认为前瞻型和防守型战略能够适用于不同产业类型。基于此，本书选择 Miles 和 Snow（1978）对经营战略模式的分类方式作为对企业经营战略的度量。Miles 和 Snow（1978）将经营战略划分为四大类型：前瞻型战略（Prospectors）、分析型战略（Analyzers）、防守型战略（Defenders）和反应型战略（Reactors），但是他们将反应型战略视为不可持续的战略类型，企业通常不会采取这种被动反应型战略。因此，常用的战略就是前瞻型战略、分析型战略和防守型战略。Miles 和 Snow 将分析型战略视为前瞻型战略和防守型战略的混合体，兼具两者的特征。大量的经验证据表明，前瞻性战略与防守型战略共同定义了一个连续集（Continuum），分别位于连续集的两端，而分析型战略位于此连续集的中点附近（Anderson 和 Lanen，1999）。

　　企业战略分为三个层次：公司层战略、经营层战略和作业层战略。本书的研究对象是企业的经营层战略，对应战略经营单元。作为企业集团的分子公司或者独立经营的企业来讲，战略经营单元处于市场前沿，直接面对市场竞争环境，其将根据公司层战略和市场环境特点制定经营层战略。相对经营层战略来说，公司层战略更多地根据市场与产业环境、一般环境来制定，如公司的产业类型选择、单一经营还是多元化经营、相关多元化还是非相关多元化等。公司层战略主要把握整个企业的市场方向、未来发展路径等，经营层战略将公司战略具体化，在某个目标市场中参与市场竞争。战略是对企业长期发展目标的具体描述，其实质是通过合理的资源配置和路径选择实现企业的长期发展目标（陈佳俊，2003）。任何企业都是在特定的组织环境下开展经营活动的，因此企业战略的制定与选择必须适应企业所处的外部环境，只有适应企业所面临外部环境的企业战略才是合理的战略选择，所谓"适者生存"便是这个道理。企业战略的制定与选择是对企业面临的外部环境的一种积极反应，对外部环境分析的目的就是寻找到外部环境与企业战略之间的合理匹配关系。安索夫认为，只有当企业战略与其外部环境达到最佳匹配时，企业才能获得最大的利润。因此，虽然不同层次的外部环境都会对企业的战略变化产生影响，但是企业所面临的市场竞争环境是对企业经营战略变化产生影响的直接因素。战略定位学派和产业组织的基本理论都强调，市场竞争压力对企业经营战略的选择具有决定性的影响（刘海潮和李垣，2008）。企业在面临激烈的市场竞争情况下，将通过战略变化来寻求减小竞争压力，提高企业的竞争优势。

当企业所面临的市场竞争程度较低时，企业的经营环境比较稳定，更多地采用常规的生产技术，其目标就是获取稳定的顾客群和市场份额。这些企业没有足够的动力进行产品或服务创新，更多地将重心放在提高生产效率、降低产品成本、改善产品在市场上的价格竞争力。具有这种经营特征的企业实际上就是采用的防守型战略，其在创新上不够活跃，取得成功的关键是提高生产效率。与此相反，当企业所面临的市场竞争程度高时，企业所感受到的市场竞争压力较大，主要表现为市场同质化竞争者较多，同质商品的购买者可选择范围增大，提高了顾客的议价能力，使得整个行业的利润率摊薄。大量的市场竞争者提供功能相同或者相似的产品，造成厂商之间大打价格战，由此压缩了产品的竞争力。在此情况下，企业必须寻求产品的创新与突破，改变市场竞争战略，采取前瞻型战略不断寻找新的产品和市场机会，以提高企业的市场竞争能力。Miller 和 Friesen（1983）对美国与加拿大的企业进行研究，发现随着环境不确定性程度的提高，企业更多地采取创新型、增长导向的经营战略。Miller（1988）发现企业面临的不确定性程度越高，则越倾向于采取创新型战略。在我国市场经济环境中，最为典型的就是家电行业。20 世纪 90 年代末，家电行业的经营环境还比较稳定，大多数的家电企业主要采用价格战作为企业的竞争战略，通过提高产品的生产效率，降低产品的生产成本，在市场上采取低价促销的方式赢得市场份额，即薄利多销，长虹电器就是一个典型的例子。但是，进入 21 世纪以来，家电生产企业大量增加，生产技术的发展大大提高了企业的生产效率，使得家电企业生产效率方面可挖的潜力变得非常有限，家电行业的竞争日趋白热化。同时，随着生活水平的提高，人们对家电的品质提出了更高的要求。这就要求家电企业必须根据市场的需求变化，创新产品功能以适应市场需求，或更进一步去创造市场需求。这就要求企业重视研发和市场营销，寻找新的产品和市场机会，这就是所谓的前瞻型战略。企业经营战略是市场竞争程度的内生变量：当市场竞争程度高时，企业倾向于采取前瞻型战略；当市场竞争程度低时，企业倾向于采取防守型战略。据此，本书提出研究假设一：

H1：企业所面临的市场竞争程度越高，则越倾向于采取前瞻型战略。

采用不同战略的企业所面临的环境、发展路径和动用的资源都有很大的不同。业绩评价指标分为财务指标和非财务指标。财务指标的数据主要来源于会计系统，使用货币计量方式，比如成本、利润、投资报酬率与经济增加值等都是财务指标。非财务指标的数据主要来源于经营系统，无法直接使用货币计量方式，比如产量、废品率、市场份额、顾客满意度、及时交货率和顾客退回率等都是非财务指标。非财务指标比财务指标能更及时地提供相关性更强的管理决策信息，而财务业绩评价指标最大的局限就是滞后性和综合性。财务指标的滞后性无法满足管理层制定管理决策的需要，财务指标的综合性造成业绩与激励之间的脱节。

　　企业的竞争战略要与经营环境相适应，而业绩评价指标的选择是经营战略的函数（陈佳俊，2003）。面临激烈竞争环境的企业通常选择前瞻型战略，为了应对动态的经营环境，企业需要不断地开发新产品、新市场。市场营销部门和研发部门对前瞻型战略的实施至关重要，但是这些部门所做出的努力并不能在短期财务业绩上取得明显的改善。对于采取前瞻型战略的企业来说，运用短期财务业绩指标来评价管理者的努力水平，其业绩评价的信息含量将大打折扣，不能有效地激励管理者按照前瞻型战略的要求专注于研发和市场营销等，这就需要运用更多的非财务指标。采取前瞻型战略的企业更重视效果而非效率，因此更加重视非财务指标。Govindarajan 和 Gupta（1985）也发现采取前瞻型战略的企业更多地运用非财务指标。选择防守型战略的企业通常面临较为稳定的经营环境，目标是获取较为稳定的市场份额和收益，更加重视企业生产的效率而非效果，因此更加重视财务业绩指标。综上所述，实施不同经营战略的企业，通常会考虑选择不同的业绩评价指标：选择防守型战略的企业更重视财务指标；选择前瞻型战略的企业更重视非财务指标。据此，本书提出研究假设二：

H2：企业越倾向于采取前瞻型战略，则非财务指标采用程度越高。

企业的短期财务目标是获取利润，长期财务目标是为股东创造价值。所有的其他目标都是财务目标的从属目标。企业的经营战略与竞争环境会影响非财务指标与财务指标之间的关系。企业业绩评价系统应该能够观察到市场需求的变化，评价企业目标的实现过程以确保企业目标的实现。由于企业需要监控市场环境的变化（如：价格、市场份额、营销、竞争对手等），因此企业就需要一个包括财务与非财务业绩指标的业绩评价系统。对于大多数企业而言，需要在顾客满意度、创新、生产效率和员工满意度等方面同时得到改善，而一个动态的、综合的业绩评价系统将是企业所必需的。尽管综合业绩评价系统最终还是强调财务业绩目标的取得（如：净利润、投资报酬率、销售增长率等），但是它包括了财务目标的业绩驱动因素（如：顾客满意度、生产效率、雇员满意度等）。

使用多元化业绩评价指标的一个重要决定因素是企业所面临的市场竞争程度。Lynch 和 Cross（1991）研究发现，组织所面临的市场竞争程度越高，则越可能使用多元化业绩评价指标。通过动态监控组织能力对组织的发展非常重要，而多元化业绩指标有助于企业及时发现不增值作业进而提出改进措施，因此多元化业绩指标能够清晰地监控组织的发展能力，提升组织的竞争优势。面对不同的市场竞争程度，管理者使用业绩评价信息的频率和方式也不一样。当企业面临较低的市场竞争程度，管理者会定期地使用特定的业绩评价信息，或企业出现例外管理时才会使用；当企业面临较高的市场竞争程度，市场环境变化较快，管理者需要根据业绩评价系统提供的信息推断市场环境，及时、准确地做出管理决策，所以管理者会将业绩评价信息作为日常管理的信息来源。

　　基于上述分析，面临市场竞争程度较高的企业，为了能够抓住改善竞争优势的市场机会，更可能会使用综合业绩指标。企业为了在激烈的市场竞争中生存发展，必须整合财务业绩指标与非财务业绩指标。在如今的竞争环境中，这种平衡的业绩评价系统对于企业取得长远的发展至关重要。由于每一种业绩指标都有自身的缺陷，最有效的解决方式就是将单一的指标整合成有机的指标体系。这种多元化的业绩指标体系不仅能够满足所有者的终极诉求，而且可以保护企业免受不可控因素的冲击（Kaplan 和 Norton，1996）。据此，本书提出研究假设三：

　　H3：市场竞争程度与非财务指标采用程度正相关。

　　将研究假设一、二、三联系起来考虑，市场竞争程度与非财务指标采用程度正相关，同时市场竞争程度变量可能通过作用于企业的经营战略，进而影响业绩评价系统中业绩指标的选择，即前者是直接效应，后者是间接效应。企业经营战略在市场竞争程度与非财务指标采用程度两者关系之间起到中介变量的作用。至于企业经营战略起到完全中介作用还是部分中介作用，则需要通过数据分析结果进行验证。

5.2　研究设计

　　为了检验经营战略的中介作用，本章使用三个回归模型。自变量是市场竞争程度，因变量是非财务指标采用程度，中介变量是经营战略，将被调查企业规模、行业类型、成立年限和上市背景作为控制变量。

5.2.1　模型设计

　　按照中介变量模型的检验要求，本章设置回归方程模型

5. 1~5. 3：

$$NFM = \beta_0 + \beta_1 IMC + \sum \beta_i \text{control variables} + \varepsilon \qquad (5.1)$$

$$BS = \beta_0 + \beta_1 IMC + \sum \beta_i \text{control variables} + \varepsilon \qquad (5.2)$$

$$NFM = \beta_0 + \beta_1 IMC + \beta_2 BS + \sum \beta_i \text{control variables} + \varepsilon$$
$$(5.3)$$

上述模型的变量定义如表 5. 2 所示：

表 5. 2 　　　　　　　　变量定义表

变量名称	变量简写①	变量定义
市场竞争程度	IMC	从竞争对手数量、技术更新、新产品开发、价格竞争、市场份额、市场营销渠道和政府管制七个方面对市场竞争程度进行刻画
经营战略	BS	防守型战略与前瞻型战略位于该连续变量的两端，该变量得分越高，则越倾向于前瞻型战略
非财务指标	NFM	非财务指标的采用程度
组织规模	SIZE	企业员工人数的自然对数
行业类型	IND	当被调查企业为制造业企业，则 IND = 1；否则 IND = 0
成立年限	AGE	企业成立年限的自然对数
上市背景	LIST	当被调查企业是上市公司，则 LIST = 1；否则 LIST = 0

① 市场竞争程度（Intensity Of Market Competition）、经营战略（Business Strategy）、非财务指标（Nonfinancial Measures）、组织规模（Size）、行业类型（Industry Type）。

5.2.2 变量测量

为了后续实证研究的需要，将进一步对上述变量的测量方式进行详细的描述。

（1）市场竞争程度

由于组织所面临的市场竞争程度由不同因素决定，因此本书需要从不同的角度对战略业务单元的相关因素进行打分以刻画该业务单元所面临的市场竞争程度。本书就每一项反映市场竞争的因素设计一个题项，由战略业务单元的管理者根据所在企业的实际情况对每一个题项（Item）的描述进行打分。Hoque et al.（2001）分别从产品价格、新产品开发速度、市场营销渠道、市场份额、竞争对手行为与竞争对手数量等方面设计六个问题对市场竞争程度变量进行衡量。Mia 和 Clarke（1999）从主要竞争对手数量、技术更新速度、新产品开发速度、价格竞争程度、客户一揽子交易程度、市场营销渠道与政府管制政策变化七个方面对市场竞争程度进行量化。综合上述文献的问卷设计和受访者的建议，本书分别从竞争对手数量、技术更新、新产品开发、价格竞争、市场份额、市场营销渠道和政府管制七个方面对市场竞争程度进行刻画。问卷的题项采用 6 点打分法，依次从程度较低到程度较高（打分越高，表示市场竞争程度越高），其中 B5 和 B7 两个题项分别表示企业所占市场份额和企业所在行业的政府管制程度。由于企业产品或服务占所在行业的市场份额越大表示该企业所面临的市场竞争程度越低，所在行业政府管制程度越高表示该企业所面临的市场竞争程度越低，因此这两个题项获得的数据将做一定的转换，即用 7 减去题项得分。如此转换之后，就使得该变量下的所有题项得分的方向都实现一致，即题项得分越高表示市场竞争程度越高。

（2）经营战略

基于权变理论的研究思想，经营战略的选择是战略业务单元适应外部环境的一种方式，合理匹配的"环境—战略"关系将是业务单元目标实现的有力保证。经营战略有不同类型的战略选择，包括战略模式、战略使命和战略定位，其中战略模式反映了业务单元处理业务与环境关系的基本导向，因此本书选择经营战略模式作为对企业经营战略的衡量。关于经营战略模式的分类，一般将 Miles 和 Snow（1978）的分类方法作为最基本的分类，将经营战略划分为四大类型：前瞻型战略（Prospectors）、分析型战略（Analyzers）、防守型战略（Defenders）和反应型战略（Reactors），但是他们将反应型战略视为不可持续的战略类型，企业通常不会采用被动反应型战略。而且，Smith、Guthrie 和 Chen（1989）认为前瞻型和防守型战略能够适用于不同产业类型。考虑到本书的问卷调查样本分布在不同的产业，本书选择 Miles 和 Snow（1978）对经营战略模式的分类方式作为对企业经营战略特征的度量。因此，常用的战略就是前瞻型战略、分析型战略和防守型战略。Miles 和 Snow 将分析型战略视为前瞻型战略和防守型战略的混合体，兼具两者的特征。大量的经验证据表明，前瞻性战略与防守型战略共同定义一个连续集（Continuum），分别位于连续集的两端，而分析型战略位于连续集的中点附近（Anderson 和 Lanen，1999）。

根据刘海建和陈传明（2007）对战略前瞻性变量的测量题项，问卷要求被调查者根据公司的实际情况，客观判断以下六项描述与企业实际相符的程度（答案分为六级，1 = "完全不符"，6 = "完全相符"）：公司具有冒险精神，总是试图开拓新的市场；公司在进入新的市场时总是试图成为行业领先者；公司经常推出新的产品或对已有产品进行升级换代；公司很重视对市场的研究，并对市场信号做出快速反应；公司很重视产品研发，并投入大量研发资金；公司强调员工的创新思维与学习能力。

（3）业绩评价指标

权变理论认为，一个能有效适应外部环境变化的企业组织，应该能保证企业组织的内部管理子系统设计与外部环境变化的需要保持一致性（贺颖奇，1998）。企业组织结构的设计必须根据环境的不确定性、技术条件、公司规模等权变特征而定，据此设计出更有效的管理控制系统，业绩评价系统作为管理控制系统的子系统，在业绩评价指标的选择上也应该匹配权变的管理会计系统，即与企业外部环境的变化保持一致。在一个开放的、多变的组织环境中，不存在一种统一的、不变的管理控制方法和标准。因此只有一种复合式的权变评价指标体系，才能满足"随机制宜"的要求（贺颖奇，1998）。复合式指标体系是指同时采用多种指标来计量和评价企业经营业绩。相比传统单一式的财务业绩评价指标，复合式指标体系由财务指标与非财务指标组成，不仅反映企业运营最终的财务结果，而且能够体现企业经营的战略路径，对企业经营进行过程管理，确保企业财务目标的实现。

业绩评价指标体系作为业绩评价系统的重要组成部分，其主要由两种性质的指标组成，即财务指标与非财务指标，财务指标是企业经营的价值实现目标，非财务指标是财务指标的前导因素，只有企业的非财务业绩表现良好，才可能带来好的财务业绩，但是两者并没有必然的因果关系。具体到非财务指标的内部结构，其又可以划分为客观非财务指标与主观非财务指标。客观非财务指标属于定量指标，一般应用于企业内部研发部门、生产部门和销售部门等职能部门的考核，如新专利数量、新产品上市数量、新产品上市周期等指标用于对研发部门的业绩评价；保修次数、退货率、废品率等指标用于对生产部门的业绩考核；市场占有率、及时交货率、客户投诉次数、客户满意度等指标主要用于对销售部门的业绩考核。主观非财务指标属于定性指标，一般通过上级领导或人力资源部门打分排名获得业绩评价信息。通常来说，企业业绩评价实践中更倾向于运用定量指标对内部职能部门及其员工进行考核，主要是由于定量评价结果更加直观、准确，有助于评价结果的比较和激励惩罚机制的实施。然而，并不是所有的企业内部职能部门都可以通过定量指标进行业绩评价的。一般来讲，企业的利润中心和投资中心发生收入和成本，比较容易利用定量化指标进行业绩评价，比如生产部门和销售部门。相对来说，成本费用中心的主要功能是服务于利润中心或投资中心，其成本投入比较容易测量，但是产出并不容易度量，因此一般使用标准成本或者费用预算控制成本费用中心的支出额度，比如财务部门、内部审计部门和人力资源部门等。这样的成本费用控制方法并不符合现代企业的管理理念，如果当年的实际业务量发生变化，就无法公平地考核该部门业绩。甚至可能出现为了降低成本或控制支出而减少业务量，就无法对成本费用中心形成有效的激励，也不利于企业整体经营活动的开展。这种情况下就需要主观非财务指标对定量化指标进行有效的补充，根据企业经营战略和内部职能部门的实际情况合理设定主观非财务指标，由董事会下设的战略委员会牵头组成业绩考核小组（小组成员由内部管理人员与外部独立的第三方人员构成），分别对各职能部门进行独立评分。最终将定量指标和定性指标的得分按照各自的权重加总得到一个总评分。由于我国国有企业设立目标的特殊性，一部分是为提供公共产品和服务设立的，一部分是为实现国家战略发展目标设立的，有些国有企业还承担一部分政府职能。因此，国有企业的业绩评价问题有其特殊性，不同设立目的的国有企业，其业绩评价指标也不同。

2006 年，国资委根据《企业国有资产监督管理暂行条例》，制定并颁布了《中央企业综合绩效评价管理暂行办法》和《中央企综合绩效评价实施细则》。该绩效评价体系由 22 个财务绩效定量评价指标和 8 个管理绩效定性评价指标组成。财务绩效定量评价指标包括 8 个基本指标和 14 个修正指标。企业管理绩效定性评价指标包括战略管理、发展创新、经营决策、风险控制、基础管理、人力资源、行业影响、社会贡献 8 个方面的指标，主要反映企业在一定经营期间所采取的各项管理措施及其管理成效。基于此，本书调查问卷设置 8 个主观非财务指标，即国有企业考核办法中的 8 个管理绩效指标。

业绩指标选择量表设计 14 个财务指标、12 个客观非财务指标、8 个主观非财务指标。业绩评价指标体系涉及两个问题，一个是业绩指标的量，一个是业绩指标的权重。业绩指标的量与质是业绩指标选择的两个方面，两者不可偏废、缺一不可。然而，已有的研究文献对业绩指标体系主要是从量的角度刻画，并没有考虑到业绩指标的权重问题。从业绩指标体系的设计角度来说，这样的量化方法是存在缺陷的，并不能准确地反映出不同企业业绩评价体系的差异。基于这个考虑，为了更加准确地量化业绩评价体系的特征，本书尝试运用量表去度量不同业绩指标的权重。具体的做法就是要求被调查者根据企业业绩评价实际情况，判断该项业绩指标是否在被调查企业使用，如果被调查企业正在使用该指标，则进一步对其重视程度进行打分，分别从 1 到 6 分逐级递增。如果被调查企业未使用该指标，则直接选择 0 分。1 到 6 分的评分就是每项业绩评价指标的重视程度，0 分就表示该企业未使用该指标，这样的问卷设计既能反映出被调查企业使用业绩指标的量，也能刻画业绩指标的使用权重。不同类型业绩评价指标的采用程度，按照每类业绩指标下的每项分指标得分之和除以总分，总分等于 7 乘以分指标数量。当然，本量表刻画的业绩指标使用权重并不是企业业绩评价实践的真实权重数据，而是一个不同业绩指标的相对权重概念，是为了实证研究的需要所设计的替代变量。

财务指标采用程度：根据已有理论文献和企业管理实践，调查问卷中设计 14 个财务指标，分别是总利润（或净利润）、销售利润率、净资产报酬率、总资产报酬率、经济增加值（EVA）、总资产周转率、应收账款周转率、销售收入增长率、资本保值增值率、人均利润（主营业务利润/员工平均人数）、培训支出比率（员工培训支出/主营业务收入）、技术创新投入率（技术创新投入总额/净利润）、新品销售率（新品销售收入/总销售收入）、上缴利税率（上缴利税总额/平均资产总额）。由于被调查对象涉及国有企业与民营企业，国有企业的业绩评价指标有其特殊性，因此本书设计的财务指标包括一些通用指标，也包括一些国有企业专用的指标，比如资本保值增值率、上缴利税率等。其目的是为了保证调查问卷的适用性，方便被调查对象的问卷填答。调查问卷中每个财务指标都赋予 0~6 分，如果被调查企业未使用该财务指标，则选择 0 分；如果被调查企业正在使用该财务指标进行业绩评价，则从 1~6 分中选择对该财务指标的重视程度，1~6 分反映该财务指标在被调查企业的业绩评价指标体系中的权重高低。为了将财务指标采用的数量和权重两个因素都反映在财务指标采用程度这个替代变量中，本书将财务指标采用程度转换成一个比率值，分子为每个财务指标的打分之和，分母等于财务指标数量乘以量表计分制的最大值，即 14×6＝84。

客观非财务指标采用程度：根据已有理论研究文献和企业业绩评价实践，本书设计 12 个客观非财务指标，包括市场占有率、及时交货率、客户投诉次数、保修次数、退货率、客户满意度、废品率、新专利数量、新产品上市数量、新产品上市周期、员工满意度、就业岗位率（企业平均人数/平均资产总额）。调查问卷中每个客观非财务指标都赋予 0~6 分，如果被调查企业未使用该客观非财务指标，则选择 0 分；如果被调查企业正在使用该客观非财务指标进行业绩评价，则从 1~6 分中选择对该客观非财务指标的重视程度，1~6 分反映该客观非财务指标在被调查企业的业绩评价指标体系中的权重高低。为了将客观非财务指标采用的量和权重两个因素都反映在客观非财务指标采用程度这个替代变量中，本书将客观非财务指标采用程度转换成一个比率值，分子为每个客观非财务指标的打分之和，分母等于客观非财务指标数量乘以量表计分制的最大值，即 12×6 = 72。

主观非财务指标采用程度：根据 2006 年国资委颁布的《中央企业综合绩效评价实施细则》，本书调查问卷设计 8 个主观非财务指标，包括战略管理、发展创新、经营决策、风险控制、基础管理、人力资源、行业影响、社会贡献。本书调查问卷中对每个主观非财务指标都赋予 0~6 分，如果被调查企业未使用该主观非财务指标，则选择 0 分；如果被调查企业正在使用该主观非财务指标进行业绩评价，则从 1~6 分中选择对该主观非财务指标的重视程度，1~6 分反映该主观非财务指标在被调查企业的业绩评价指标体系中的权重高低。为了将主观非财务指标采用的量和权重两个因素都反映在主观非财务指标采用程度这个替代变量中，本书将主观非财务指标采用程度转换成一个比率值，分子为每个主观非财务指标的打分之和，分母等于主观非财务指标数量乘以量表计分制的最大值，即 8×6 = 48。

非财务指标的采用程度也转换成比率值，分子等于每个非财务指标的打分之和，分母等于非财务指标数量乘以量表计分制的最大值，即 20×6 = 120。非财务指标包括客观非财务指标与主观非财务指标。

（4）控制变量

组织规模：在管理控制系统研究的文献中，员工人数通常用于代表组织规模（Chenhall，2003），Size 表示被调查者所在公司的员工人数，在回归分析中，对员工人数取对数作为 Size 的取值。

行业类型：处于不同行业的被调查企业采用的管理会计控制系统存在差别，最终的业绩表现也存在差异，因此本书将行业类型作为一个控制变量引入模型。一般将被调查企业划分为制造业企业和非制造业企业两类，如肖泽忠等（2009）。基于此，本书也将被调查企业划分为制造业企业和非制造业企业。如果被调查企业为制造业企业，则 Ind＝1；否则 Ind＝0。

成立年限：处于不同生命周期的被调查企业在管理控制系统的设置方面可能存在差别，为了控制这个因素的作用，将被调查企业的成立年限作为控制变量。在回归分析中，将成立年限取自然对数得到 Age 的取值。

上市背景：相对非上市公司来讲，上市公司具有更加规范的企业内部管理制度，可能会到企业的管理控制系统设置产生影响。为了控制此因素，设置一个虚拟变量，如果被调查企业是上市公司，则 List＝1，否则 List＝0。

5.3　实证结果及分析

本章将使用两种性质的变量：潜变量与显变量。潜变量需要使用因子分析方法，如市场竞争程度和经营战略；显变量可以直接计算变量取值，如非财务指标采用程度。接下来先使用因子分析方法计算两个潜变量的取值，然后对三个变量的取值进行描述性统计，最后对三个变量的中介作用关系进行回归分析。

5.3.1 因子分析结果

市场竞争程度和经营战略变量属于潜变量，需要通过因子分析检验问卷设计的理论一致性。由于问卷设计采用的是成熟量表，每个变量下设置的题项都是用来测试同一理论维度，因此本书采用验证性因子分析方法进行检验。

（1）市场竞争程度

对市场竞争程度进行验证性因子分析的检验结果（见表5.3）显示：取样足够度的 KMO 值为 0.719（>0.7），Bartlett 球形检验的近似卡方值的显著性概率为 0.000（<0.001），说明数据具有相关性，适宜进行因子分析。

表 5.3　市场竞争程度的 KMO 测量和 Bartlett 球形检验结果

取样足够度的 KMO 值	0.719
Bartlett 球形检验的近似卡方值	174.611
自由度	21
显著性概率	0.000

市场竞争程度的验证性因子分析结果如表 5.4 所示：市场竞争程度所包含的题项 B3、B1、B4、B2、B6 的载荷系数都大于 0.5（最小值为 0.552，最大值为 0.774），B5 和 B7 两个题项的载荷系数小于 0.5，因此删掉 B5 和 B7 两个题项，使用 B3、B1、B4、B2 和 B6 五个题项测量企业所面临的市场竞争程度。这五个题项的内部一致性系数，即 Cronbach α 系数为 0.723（>0.7），表明这五个题项测量的市场竞争程度变量具有较高的信度。市场竞争程度变量的取值等于 B3、B1、B4、B2 和 B6 五个题项得分的算术平均值。

表 5. 4   市场竞争程度的验证性因子分析结果

题 项	因子载荷系数
B3：贵公司所在行业新产品/服务出现的速度	0. 774
B1：贵公司竞争对手数量	0. 710
B4：贵公司所在行业价格竞争程度	0. 689
B2：贵公司所在行业生产技术更新速度	0. 666
B6：贵公司所在行业销售渠道竞争程度	0. 552
B5：贵公司产品或服务占所在行业的市场份额	0. 329
B7：贵公司所在行业受政府管制程度	−0. 281

（2）经营战略

对市场竞争程度进行验证性因子分析的检验结果（见表 5. 5）显示：取样足够度的 KMO 值为 0. 803（>0. 7），Bartlett 球形检验的近似卡方值的显著性概率为 0. 000（<0. 001），说明数据具有相关性，适宜进行因子分析。

表 5. 5   经营战略的 KMO 测量和 Bartlett 球形检验结果

取样足够度的 KMO 值	0. 803
Bartlett 球形检验的近似卡方值	307. 207
自由度	15
显著性概率	0. 000

经营战略的验证性因子分析结果如表 5. 6 所示：经营战略包含的所有题项的载荷系数都大于 0. 5（最小值为 0. 613，最大值为 0. 833），因此使用 D3、D4、D5、D6、D1、D2 六个题项测量企业采用的经营战略。这六个题项的内部一致性系数，即 Cronbach α 系数为 0. 856（>0. 7），表明这六个题项测量的经营战略变量具有较高的信度。经营战略变量的取值等于 D3、D4、D5、D6、D1 和 D2 六个题项得分的算术平均值。

表 5.6　　　　　经营战略的验证性因子分析结果

题 项	因子载荷系数
D3：公司经常推出新的产品或对已有产品进行升级换代	0.833
D4：公司很重视对市场的研究，并对市场信号做出快速反应	0.829
D5：公司很重视产品研发，并投入大量研发资金	0.799
D6：公司强调员工的创新思维与学习能力	0.764
D1：公司具有冒险精神，总是试图开拓新的市场	0.739
D2：公司在进入新的市场时总是试图成为行业领先者	0.613

5.3.2　描述性统计

本章实证分析涉及的主要变量是 IMC、BS 和 NFM，在第四章已经对控制变量 SIZE、IND、AGE 和 LIST 进行过详细描述，此处主要对 IMC、BS 和 NFM 三个变量进行描述性统计，如表5.7 所示。

表 5.7　　　　　变量描述性统计表

变量	样本数	均值	标准差	最小值	最大值
IMC	115	3.993	0.980	1.400	6.000
BS	115	4.084	1.039	1.333	6.000
NFM	115	0.594	0.188	0.017	0.925

从表 5.7 可知，IMC 的均值为 3.993，最小值为 1.4，最大值为 6，说明被调查企业所面临的市场竞争程度总体上处于均值 3.5 附近，分布范围较广。不同的被调查企业面临的市场竞争程度具有较大的差异，也在一定程度上说明不同行业的企业或同一行业的不同企业面对的经营环境存在较大的差异。BS 的均值为 4.084，最小值为 1.333，最大值为 6，说明被调查企业整体

上倾向于采取前瞻型战略，高于均值 3.5。经营战略的跨度较大，最小值为 1.333 表明有些被调查企业采取的是防守型战略，最大值为 6 表明有些被调查企业采取的是非常积极的前瞻型战略。NFM 的均值为 0.594，最小值为 0.017，最大值为 0.925，说明被调查企业非财务指标采用程度整体上处于均值 0.5 附近，最小值靠近 0，最大值靠近 1，分布较为广泛。

5.3.3 回归分析结果

表 5.8、表 5.9、表 5.10 分别是模型 5.1、模型 5.2 和模型 5.3 的回归分析结果，用于检验市场竞争程度、经营战略与非财务指标采用程度三者之间的中介作用关系。表 5.8 的回归分析结果中，被解释变量是 NFM，从该表可以看出，IMC 与 NFM 正相关，但是并不显著，说明在总样本企业中并未发现市场竞争程度与非财务指标采用程度正相关的关系。

表 5.8 市场竞争程度与非财务指标采用程度的回归分析结果

变量	系数	t 值	P 值
常数项	0.362***	3.81	0.000
IMC	0.028	1.60	0.113
SIZE	0.009	0.74	0.458
IND	0.060	1.56	0.122
AGE	0.011	0.52	0.605
LIST	0.038	0.95	0.342
Adj-R²	0.082		
F 值	1.95*		

注：* 表示 P<0.1，** 表示 P<0.05，*** 表示 P<0.01，下同。

管理会计控制系统理论认为，企业外部环境的变化首先会引起企业经营战略的调整，然后改变企业管理会计控制系统，以实现企业的经营战略。据此，本书认为经营战略是市场竞争程度与非财务指标采用程度的中介变量。按照中介作用的检验原理，第二步就是检验 IMC 对 BS 的作用效应。表 5.9 的回归分析结果中，被解释变量是 BS，从该表可以看出，IMC 对 BS 具有显著正的影响，在 1% 的水平上显著，说明企业所面临的市场竞争程度越高，越倾向于采取前瞻型战略。

表 5.9　　市场竞争程度与经营战略的回归分析结果

变量	系数	t 值	P 值
常数项	2.715***	5.286	0.000
IMC	0.353***	3.681	0.000
SIZE	0.004	0.062	0.950
IND	0.106	0.511	0.611
AGE	−0.094	−0.825	0.411
LIST	0.283	1.328	0.187
Adj-R^2	0.079		
F 值	2.968**		

表 5.10 的回归分析结果中，被解释变量是 NFM，在表 5.8 的基础上加入中介变量 BS。从表 5.10 可以看出，加入中介变量 BS 之后，IMC 对 NFM 不再具有显著的影响，但是 BS 对 NFM 具有显著正的影响，在 1% 的水平上显著，说明企业越倾向于采取前瞻型战略，非财务指标采用程度越高。中介作用检验结果表明，在总样本中经营战略对市场竞争程度与非财务指标采用程度之间的关系并未起到中介变量的作用。接下来，我们将研究样本划分为国有企业样本与民营企业样本，分别对三个模型进行回归分析。

表 5.10　　控制 BS 后 IMC 与 NFM 的回归分析结果

变量	系数	t 值	P 值
常数项	0.358*	1.947	0.054
IMC	0.004	0.236	0.814
BS	0.069***	4.150	0.000
SIZE	0.009	0.773	0.441
IND	0.053	1.464	0.146
AGE	0.017	0.882	0.380
LIST	0.018	0.491	0.625
Adj-R^2	0.164		
F 值	4.740***		

5.4　分类检验

　　本书进一步将研究样本划分为国有企业样本与民营企业样本，国有样本 68 个，民营样本 47 个，分样本对模型 5.1、模型 5.2 和模型 5.3 进行回归分析。从表 5.11 可以看出，在总样本中 IMC 与 NFM 不具有显著的关系，然而在国有企业样本中 IMC 对 NFM 具有显著为正的影响，在 10% 的水平上显著，在民营样本中也不具有显著的关系，即国有企业面临的市场竞争程度越高，则非财务指标采用程度越高。

表 5.11　市场竞争程度与非财务指标采用程度的分类检验结果

变量	NFM		
	总样本	国有样本	民营样本
常数项	0.362*** (3.81)	0.299** (2.39)	0.411** (2.56)
IMC	0.028 (1.60)	0.039* (1.85)	0.016 (0.49)
控制变量	已控制	已控制	已控制
样本量	115	68	47
Adj-R^2	0.082	0.042	0.004
F 值	1.95*	1.59	0.96

注：括号内为 t 值，下同。

从表 5.12 可以看出，不管是总样本还是分样本，IMC 与 BS 都具有显著为正的关系，即企业所面临的市场竞争程度越高，则越倾向于采取前瞻型战略。

表 5.12　　市场竞争程度与经营战略的分类检验结果

变量	BS		
	总样本	国有样本	民营样本
常数项	2.715*** (5.29)	1.658** (2.59)	3.539*** (4.31)
IMC	0.353*** (3.68)	0.390*** (3.59)	0.345** (2.09)
控制变量	已控制	已控制	已控制
样本量	115	68	47
Adj-R^2	0.079	0.142	0.095
F 值	2.968**	3.21**	1.96

从表 5.13 可以看出，不管是总样本还是分样本，在控制 BS 之后，IMC 与 NFM 之间不再具有显著的关系。从表 5.11~5.13 的分样本回归分析结果可以发现，在民营企业样本中经营战略

在市场竞争程度与非财务指标采用程度的关系中不具有中介变量作用，而在国有企业样本中经营战略在市场竞争程度与非财务指标采用程度的关系具有完全中介作用。也就是说，国有企业的市场竞争程度对非财务指标采用程度的作用需要通过经营战略这个中介变量，表明在政府的推动作用下国有企业引进先进的管理理论和方法对国企内部管理水平有较大的改善，比民营企业表现更好。同时，也说明影响管理会计控制系统设计的市场竞争程度与经营战略变量并不是同一层面的权变变量，经营战略是对经营环境变化的反应。这一研究结论验证了前文提出的"环境→战略→业绩评价"的基本逻辑路径。

表 5.13　控制 BS 后 IMC 与 NFM 关系的分类检验结果

变量	NFM		
	总样本	国有样本	民营样本
常数项	0.358* (1.95)	0.188 (1.51)	0.132 (0.73)
IMC	0.004 (0.24)	0.013 (0.59)	−0.012 (−0.37)
BS	0.069*** (4.15)	0.067*** (2.87)	0.079*** (2.79)
控制变量	已控制	已控制	已控制
样本量	115	68	47
Adj-R^2	0.164	0.142	0.138
F 值	4.740***	2.85**	2.23*

5.5　本章小结

本章以权变理论为基础，运用问卷调查数据实证检验业绩评价指标选择的影响因素。按照管理控制系统的理论思想，遵循"外部环境→战略控制→管理控制"的逻辑路径，本章选择市场竞争程度和经营战略作为业绩评价指标选择的影响因素，从理论层面深入分析市场竞争程度、经营战略与业绩指标选择的理论关系，并运用问卷调查数据实证检验市场竞争程度、经营战略与非财务指标采用程度这三个变量之间的数量关系。

实证检验结果如表 5.14 所示，从该表可以看出，本章提出的三个研究假设得到了问卷数据的经验支持。研究结论表明，市场竞争程度与非财务指标采用程度在国有样本中呈显著正相关关系；企业所面临的市场竞争程度越高，则企业越倾向于采取前瞻型战略；当控制经营战略变量对非财务指标采用程度产生影响后，市场竞争程度与非财务指标采用程度之间就不再具有显著的关系。由此可见，仅仅在国有企业样本中经营战略对市场竞争程度与非财务指标采用程度的关系起到完全中介的作用，即企业面临的市场竞争程度的变化要求企业管理者重新制定经营战略，然后根据新的经营战略调整企业的业绩评价指标体系。

表 5.14　市场竞争程度、经营战略与非财务指标采用程度的
研究结果汇总

编号	研究假设内容	支持情况
假设一	企业所面临的市场竞争程度越高，则越倾向于采取前瞻型战略	支持
假设二	企业越倾向于采取前瞻型战略，则非财务指标采用程度越高	支持
假设三	市场竞争程度与非财务指标采用程度正相关	支持（国有样本）

6

业绩指标多元化对企业业绩的影响研究

本章将运用问卷调查数据实证检验业绩指标选择的经济后果，即业绩评价指标选择对企业业绩的影响。什么才是一个好的业绩评价系统呢？通常的做法就是考察业绩评价系统的实施对企业业绩的改善。实务中，企业主要运用两种基本方法设计企业战略业绩评价系统，一种是加入非财务指标以补充传统的财务指标；一种是将业绩评价指标与企业经营战略或者价值驱动因素匹配起来。在学术研究中，已有研究文献形成两大思想流派：一个流派不考虑战略类型而强调业绩评价指标的多元化（Diversity）；一个流派强调业绩评价指标与经营战略的匹配（Alignment）（Ittner、Larker 和 Randall，2003）。前者可以认为是业绩评价的代理理论流派，后者是业绩评价的权变理论流派，即两者所运用的理论基础分别是代理理论和权变理论。本书将在第 6 章与第 7 章分别从代理理论与权变理论的视角，实证检验业绩指标选择的经济后果。

6.1　理论分析与研究假设

管理大师德鲁克曾经说过："如果你不能评价，你就无法管理。"企业业绩评价是企业管理的基本前提。企业业绩评价与激励机制是同一个问题的两个方面。没有业绩评价，激励机制就失去基础，而没有激励机制，业绩评价就形同虚设。只有企业业绩评价与激励机制有机结合才能有效地实现企业的发展战略（胡玉明，2009）。激励机制的主要目标就是激励员工按照委托人的目标，付出更大的努力并最终实现委托人的利益目标。代理理论认为，通过将代理人的薪酬与业绩挂钩，就能够激励代理人付出更多的努力以提高自身的业绩，进而获得更多的报酬。

代理人主要关注激励合约中对其业绩进行评价的活动，也就是说，激励合约中考核什么，代理人就对其考核的内容付出努力，其他的工作就较少地去关注。所谓"评价什么就得到什么"，通常管理者有动机去关注有业绩指标对其绩效进行评价的活动，而往往忽视上级管理者不对其绩效进行评价的活动。因此，激励合约的激励效力主要由合约中所使用的业绩指标所决定，业绩指标的选择对于激励合约提供正确的激励具有决定性的作用。业绩指标选择的信息含量原则（Informativeness Principle）表明，只要能够提供关于代理人行为增量信息的业绩指标，都应当引入激励合约中。由于没有任何单一的业绩指标能够捕获所有关于代理人行为的信息，因此信息含量原则预测只要引入包含多个业绩指标的业绩评价指标体系，激励合约的激励效力就能够得到改善。业绩评价指标的单一性可能导致管理者只关注能够实现该业绩指标的活动，甚至以牺牲其他与实现企业战略相关但是没有进行评价的活动为代价，出现"功能紊乱"（Dysfunction）行为，导致管理者的代理成本升高。例如，来自会计信息系统的财务业绩指标，虽然其是客观业绩指标，但是由于会计信息系统的固有特点，其只能提供关于代理人行为的历史可计量业绩，并不能提供代理人行为的定性信息，比如合作与创新等。然而，主观业绩指标就能够提供对激励合约有用的定性信息，这个是财务业绩指标无能为力的。分析式研究进一步证明使用主观业绩评价指标所带来的收益。由于管理者活动的业绩不能完全由客观业绩指标衡量，主观业绩指标与客观业绩指标形成互补，对客观业绩指标不能衡量的行为进行一个有效的补充，使得整个业绩评价体系更加全面、公平，因此主观业绩指标有助于缓解客观业绩指标导致的行为扭曲现象。大量实证研究文献已经证明，在不存在业绩评价成本的情况下，包含非财务指标的激励措施能够改善管理者薪酬合约的有效性，因为仅仅从财务指标的角度不能全面反映管理者为实现企业经营战略所付出的努力（Datar et al.，2001；Feltham 和 Xie，1994；Hemmer，1996）。如果主客观业绩指标分别提供代理人行为不同方面的信息，那么在激励合约中引入主客观业绩指标将能够激励代理人付出更高水平的努力。

同时，业绩指标多元化能够通过解决目标一致性（Goal Congruence）问题来改善激励合约的效力。Feltham 和 Xie（1994）认为多元化的业绩指标使得代理人关注的业绩面更加广泛、综合，不至于将精力只放在某一方面，只注重短期业绩，而忽视了企业发展的长期价值。业绩评价指标体系可以使得委托人根据企业发展目标和经营战略合理设置各指标的权重，进而激励代理人按照各业绩指标的权重合理分配工作时间和精力，有利于实现委托人与代理人的目标趋于一致。这是解决委托代理问题的关键所在，也更有利于业绩指标多元化解决代理人激励问题。同时，Datar et al.（2001）也发现使用业绩评价指标体系能够让委托人选择激励的权重，使得代理人的报酬与企业的产出变动在最大程度上趋于一致。总之，业绩指标多元化可以通过两条路径改善激励合约：一是激励代理人付出更多的努力；二是通过影响代理人对工作时间与精力的分配，降低委托人与代理人之间的目标不一致性。

业绩指标多元化能够通过上述两条路径改善企业业绩，讨论的理论基础是代理理论，其依赖的假设是一个诚实的委托人与一个不被信任的代理人订立合约。如果委托人对业绩评价有自由裁量权（Discretion），而且激励合约是不完全的，诚实的委托人假设就变得非常重要。如果业绩指标体系中引入了主观业绩指标，由于主观业绩指标并不存在统一的业绩标准，其业绩由上级主观判断确定，这样就给上级提供了业绩评价自由裁量权的空间。类似地，业绩指标多元化可能使得业绩指标体系由业绩结果相互冲突的指标组成。上级就有机会事后给每一个指标确定不同的权重，最后给出一个上级认为满意的业绩排名。当运用主观业绩指标评价下级业绩时，如果上级能够承诺诚实公平地对下级业绩进行评价，那么激励合约本身是否完全就显得不那么重要了。然而，这样的假设似乎与现实中的企业管理实践不符。Prendergast 和 Topel（1993）指出业绩评价的自由裁量权引起了大量的业绩管理问题。业绩评价的自由裁量权就会引起业绩评价的偏差（Bias）问题。由于上级管理者并没有剩余索取权，因此他们有动机按照自己的偏好决定奖金的分配。已有研究表明，当把业绩排名作为员工奖金发放和晋升决策的依据时，上级并没有对下级做出严格的区分，导致业绩排名出现扁平化现象。从心理学上讲，上级有偏袒某个下级或者追求公平的心理倾向，就会激励上级对下级的业绩评价出现偏差。进一步讲，如果企业内部形成了这种风气之后，员工可能不是将时间和精力集中在任何提升业绩上，而是将努力转移到能够直接影响评价者的评价结果上，比如贿赂上级、"拉关系"等。这种现象在我国的国有企业中表现得尤其突出，由于国有企业的所有权归全民所有，尽管由各级国资委代理行使所有权，但是国资委本身作为各级政府的代理机构，其行使所有权的动机并不如私有企业所有者那么强烈，其选派的管理人员也不具有剩余索取权，因此他们有强烈的动机按照自己的利益偏好设置业绩评价指标和权重。由于存在严重的内部人控制问题，上级管理者对下级的业绩评价具有较大的自由裁量权，出于对关系户的偏袒或者各部门利益的考虑，业绩评价就会出现较大的偏差，较多地表现为业绩排名的扁平化现象。

与业绩评价偏差相关的成本分为直接成本与间接成本。直接成本主要表现为高于合约规定的下级真实业绩所应得到的薪酬。间接成本主要表现为，由于业绩排名存在偏差，基于业绩排名做出较为准确的人事决策就较为困难，而且业绩偏差对下级的激励也会产生影响（Moers，2005）。如果业绩排名存在偏差，那么所有员工的业绩似乎都在平均水平上，上级就很难选择正确的人去做正确的事，这就会降低企业管理决策的有效性。进一步地，如果下级意识到业绩评价的偏差，业绩排名对下级员工的激励效力就会变差，进而在未来的工作中就不会那么努力。我们知道，人事决策和激励机制是企业业绩的重要决定因素，业绩评价偏差对企业产生的间接成本可能比直接成本高得多。这将会直接传递到企业最终的财务业绩上。

已有大量的实证研究文献结论支持业绩指标多元化。Banker et al.（2000）运用 18 个旅馆的时间序列数据研究发现，当薪酬合约中包含非财务指标时，管理者会付出努力去实现这些非财务指标所要求达到的业绩，最终提升企业的业绩。Hoque 和 James（2000）也发现企业业绩与不同业绩指标的使用（包括财务指标与非财务指标）存在正相关的关系。Van der Stede et al.（2006）研究发现，不管企业采取何种战略，业绩指标多元化与企业业绩都呈正相关关系，尤其是那些包含客观与主观非财务指标的业绩评价系统。这些结论都说明非财务指标中包含财务指标未反映的额外信息，能够激励员工付出更多的努力，降低员工机会主义行为所带来的代理成本，最终提升企业的业绩。

不管从理论分析角度还是从实证研究角度，都认识到改变传统单一财务指标的业绩评价系统，引入非财务指标，建立企业的业绩评价体系，实现企业业绩评价指标的多元化，能够改善企业的业绩。尽管如此，也有文献已经发现业绩评价多元化所存在的潜在缺陷。Ghosh 和 Lusch（2000）、Lipe 和 Salterio（2000）从心理学角度分析，指出业绩指标多元化可能增加系统的复杂性，造成信息过载，让员工难以理解，这样就增加了管理者的认知负担。同时，也增加了管理者在不同指标上分配权重的负担（Moers，2005）。业绩指标的增多，可能导致短期内不同指标的目标存在冲突，比如生产效率与客户响应速度，降低了代理人努力工作的动机（Baker，1992），还可能引起企业内部不同部门的摩擦（Lillis，2002），也可能使得代理人将时间和精力分散在过多的目标上，不能集中精力做好一件事情，最终可能什么事情都没有做好，无法实现企业的经营战略。基于成本效益原则，相比简单的业绩评价系统，复杂的系统需要花费更高的管理成本。在实践中代理理论的指导意义非常有限，实务工作者不可能将所有提供增量信息的业绩考核指标加入业绩考核量表（张川，等，2012）。万寿义和赵淑惠（2009）基于管理心理学的角色理论研究业绩评价多样性的行为影响，发现业绩评价多样性对员工感受到的角色模糊水平具有正影响，角色模糊水平与个人业绩负相关，个人业绩与工作满意度正相关，即业绩评价多样性会最终导致员工满意度降低。上述关于业绩指标多元化的负面影响都得到了经验证据的支持，从这个层面上来说，过度的业绩指标多元化不仅不能带来企业绩效的提升，反而推升了企业的代理成本，对企业业绩有一个负的效应。

从以上的理论分析和已有研究的经验证据来看，关于业绩指标多元化是否能够提高企业业绩这一问题，尽管不同学者从不同的角度对该问题有较为深入的研究，也让我们对该问题有更深层次的理解和认识，但是他们得到了不一致甚至相反的研究结论。一方面，根据经济学中的代理理论观点，依据业绩指标选择的信息含量原则，增加非财务指标，对管理者行为进行全方位业绩评价，将有助于降低管理者的功能紊乱行为和代理成本。因此，改变传统的单一财务业绩评价指标体系，引入主观和客观非财务指标体系，将提高业绩评价指标体系的多元化和综合性，激励和约束管理者的行为，进而实现企业经营战略，改善企业业绩。另一方面，业绩指标多元化会增加业绩评价系统的复杂性，增加管理者的认知负担，还会增加评价主体确定指标权重的难度，最终导致多元业绩指标内部相互矛盾和部门之间的摩擦，对企业业绩产生负向影响。

通过上述关于业绩指标多元化与企业业绩之间关系的理论推导和对相关经验证据的回顾，我们知道业绩指标多元化会给企业业绩带来正反两方面的影响。那么我们就可以看出简单地认为两者具有正向或者负向关系是不准确的，也不利于我们深入地认识两者变化的规律，至少不利于我们对相互矛盾的实证检验结果做出科学合理的解释。从现有的理论框架来讲，研究者是从两条独立的逻辑思路来阐释业绩指标多元化与企业业绩之间的关系的，这样一来就人为地割裂开了两条逻辑思路的联系，不利于我们从整体上把握、权衡两者的关系。据此，我们就需要建立一个全新的、综合的理论分析框架，既能囊括两条逻辑思路，有利于解释现有的研究结论，又能从整体上认识两者关系的变化轨迹。

基于上述的思考，联系经济学中的"边际收益递减规律"，本书大胆地提出理论假设：两者之间是不是存在非线性关系呢？比如 U 形或者倒 U 形关系[①]。有了这个大胆的理论假设前提，接着将运用经济学理论和数学模型对该理论假设进行推导，最终建立一个全新的关于业绩指标多元化与企业业绩关系的理论分析模型，并运用经验数据对该理论模型进行实证检验。经济学中最基本规律——边际收益递减规律，是指在短期生产过程中，在其他条件不变（如技术水平不变）的前提下，增加某种生产要素的投入，增加一单位该要素所带来的效益增加量是递减的。换句话说，随着可变生产要素的不断投入，虽然其产出

[①] 在 2011 年 12 月的开题报告中，关于业绩指标多元化与企业业绩之间关系，本书的假设是两者存在正相关关系。经过与开题答辩老师的讨论及其后续文献的阅读与思考，得到了深刻的启示，并大胆提出非线性假设。

总量是递增的，但是其增长速度不断变缓，最终达到一个产出的峰值，即可变要素的边际产量递增。这里的前提条件就是生产技术水平和其他生产要素保持不变。产生边际收益递减的原因是：随着可变要素投入量的增加，可变要素投入量与固定要素投入量之间的比例在发生变化。在可变要素投入量增加的最初阶段，相对于固定要素来说，可变要素投入过少。因此，随着可变要素投入量的增加，其边际产量递增，当可变要素与固定要素的配合比例恰当时，边际产量达到最大。如果再继续增加可变要素投入量，由于其他要素的数量是固定的，可变要素就相对过剩，于是边际产量就必然递减。

运用边际收益递减规律解释业绩指标多元化与企业业绩之间的关系，此处的业绩指标多元化就相当于决定企业业绩的一个关键管理因素。假设其他影响企业业绩的因素保持不变，增加业绩评价指标就相当于改变企业的业绩评价体系，进而对企业员工的行为表现产生影响，并最终影响到企业的业绩。在业绩指标数量较少的情况下，增加业绩指标，尤其是非财务指标，能够提升组织的业绩。但是当业绩指标增加到一定程度时，随着企业业绩指标的增加，业绩提升的效应就不那么明显。当企业业绩到达峰值时，再增加业绩指标的多元化，就会对企业业绩产生负向作用。据此，我们可以判定业绩指标多元化与企业业绩呈倒 U 形关系，如图 6.1 所示。

运用数学模型可以将该图表示为：$p = f(d, x)$ 其中，p 表示企业业绩；d 表示业绩指标多元化；x 表示影响企业业绩的其他因素。该式对 d 求一阶导等于 0 时，即 $f'(d, x) = 0$，可求得 d^*，进而求得 p^*。在 d^* 左侧区域，$f'(d, x) > 0$ 且 $f''(d, x) < 0$；在 d^* 右侧区域，$f'(d, x) < 0$ 且 $f''(d, x) < 0$。

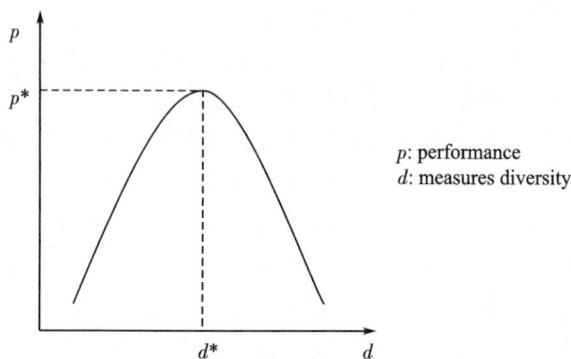

图 6.1 业绩指标多元化与企业业绩关系图

　　由此可见，业绩指标多元化与企业业绩之间的关系存在一个先上升后下降的过程。两者之间存在一个最优的点 d^* ，此时的业绩指标体系刚好能够带来最大的企业业绩，即 d^* 为最优的业绩指标数量。在 d^* 的左边区域，业绩指标多元化与企业业绩存在正相关关系；在 d^* 的右边区域，业绩指标多元化与企业业绩存在负相关关系。运用这张关系图就可以解释已有实证研究结论了。当实证研究结论表现为业绩指标多元化与企业业绩存在正相关关系时，说明该研究样本企业的业绩评价体系大多数还未达到最优业绩指标数量，业绩指标多元化产生的收益大于其带来的成本；当实证研究结论表现为业绩指标多元化与企业业绩存在负相关关系时，说明该研究样本企业的业绩评价体系大多数已经超过了最优业绩指标数量，即存在业绩指标超载的现象，此时业绩指标多元化带来的成本大于其产生的收益。由于管理会计实证研究所需数据不能直接来源于公开数据库，在学术研究过程中通常采用问卷调查数据或者实验研究数据，考虑到成本效益原则，这就大大限制了管理会计研究样本的采集范围和数量，可能造成研究结论的不稳定。虽然在财务会计研究领域也出现过这种情况，但是管理会计研究的情境化特征使得这种情况出现的频率更高。因此，本书提出的综合化理论分析框架能够更好地解释现有实证研究的矛盾结论，同时也以一种新的理论视角理解业绩指标多元化与企业业绩之间的关系。在此基础上，本书提出研究假设四：

H4：业绩指标多元化程度与企业业绩呈倒 U 形关系。

有些研究认为主观非财务指标能够弥补客观指标的缺陷，能够带来业绩的改善；有些研究认为主观业绩指标准确性较低、可靠性较差，更易受到评价主体认知偏差的干扰，同时也为评价客体向评价主体进行寻租活动留下空间，主观业绩指标导致业绩的降低。具体到我国制度环境下，由于国有企业的特殊定位，相比非国有企业，国有企业业绩评价指标包括较多的主观业绩指标。也就是说，主观非财务指标的业绩效应需要在特定性质的企业背景下考察，国有企业背景下主观非财务指标与企业业绩负相关，因为主观业绩指标越多预示着国有企业承担了越多的社会职能，同时也给下级向上级寻租留下了空间，导致国有企业较低的业绩；相反，非国有企业有明确的所有权主体，其对主观业绩指标的使用更多的是出于客观业绩指标的缺陷，需要主观业绩指标对客观业绩指标进行补充，而不是承担更多的社会职能，所以非国有企业对主观业绩指标的使用将改善组织行为，提升企业业绩。

国有企业样本组，业绩评价指标多元化程度与内部管理业绩、市场业绩正相关，与财务业绩不存在显著关系；非国有企业样本组，业绩评价指标多元化程度与内部管理业绩、市场业绩和财务业绩都正相关。

6.2 研究设计

本章检验业绩指标多元化对企业业绩的影响，涉及企业业绩和业绩指标多元化变量。企业业绩划分为三种：财务业绩、内部经营业绩、客户与市场业绩，因此使用三个回归模型分别检验业绩指标多元化对财务业绩、内部经营业绩、客户与市场业绩的影响。

6.2.1 模型设计

$$IOP/CMP/FP = \beta_0 + \beta_1 PMD + \sum \beta_i \text{control variables} + \varepsilon \tag{6.1}$$

$$IOP/CMP/FP = \beta_0 + \beta_1 PMD + \beta_2 PMD^2$$
$$+ \sum \beta_i \text{control variables} + \varepsilon \tag{6.2}$$

上述模型的变量定义如表 6.1 所示：

表 6.1　　　　　　　　　变量定义表

变量名称	变量简写①	变量定义
业绩指标多元化	PMD	由一个比率指标表示，分子为被调查者对所有企业指标的打分之和，分母为所有业绩指标数量乘以量表计分制的最大值
内部经营业绩	IOP	由投入产出率、产品合格率、及时送货率和员工满意度四个指标组成

---

① 业绩指标多元化（Performance Measures Diversity）、财务业绩（Financial Performance）、内部经营业绩（Internal Operating Performance）、客户与市场业绩（Customer And Market Performance）。

表 6.1(续)

变量名称	变量简写	变量定义
客户与市场业绩	CMP	由产品或服务质量、新产品或服务上市数量、客户满意度和市场占有率四个指标组成
财务业绩	FP	由营业利润增长率、销售利润率、总资产收益率和净资产收益率四个指标组成
组织规模	SIZE	企业员工人数的自然对数
行业类型	IND	当被调查企业为制造业企业,则 IND = 1;否则 IND = 0
成立年限	AGE	企业成立年限的自然对数
上市背景	LIST	当被调查企业是上市公司,则 LIST = 1;否则 LIST = 0

6.2.2 变量测量

上述实证模型涉及的主要变量是企业业绩与业绩指标多元化,其中企业业绩划分为内部经营业绩、客户与市场业绩、财务业绩。本节将分别描述这两个变量的测量方式。

(1)企业业绩

在组织管理研究中,通常采用企业业绩度量 MCS 的有效性,不同 MCS 的有效性标准应该采用不同层次的业绩。本书参考文东华等(2009)对企业绩效的衡量方法,区分出性质不同但相互联系的 3 种企业业绩:内部经营业绩、客户与市场业绩、财务业绩。根据平衡计分卡理论,分别对内部经营业绩、客户与市场业绩和财务业绩三个方面各设置四个指标,以度量企业三个不同方面的业绩水平。内部经营业绩主要采用投入产出率、产品合格率、及时送货率和员工满意度四个指标表征,客户与市场业绩由产品或服务质量、新产品或服务上市数量、客户满意度和市场占有率四个指标组成,财务业绩采用营业利润增长率、销售利润率、总资产收益率和净资产收益率四个指标计量。使用问卷调查方法度量企业绩效得到的是企业绩效的"软数据"，不如上市公司公开披露的"硬数据"那么准确，这也受到了会计学术界的诟病，尤其是从事资本市场会计研究的学者。但是，资本市场会计研究也有自身的局限性，主要表现在这个领域的研究对象都是上市公司，而且只能研究上市公司公开披露的信息。然而，会计学术研究所关注的对象绝非只有上市公司，也绝非只限制在上市公司公开披露的信息中。大量的非上市公司和企业内部管理问题也是需要会计理论研究的。要对这些公司的内部管理问题进行大样本研究，就需要借助问卷调查方法，尽量从问卷设计、调查对象的选择、问卷的发放和回收等过程做到专业化、科学化，降低变量的衡量误差，尽可能逼近对真实世界规律的认识。同样的道理，利用问卷调查方法衡量企业绩效，为了降低企业绩效的衡量误差，通常要求被调查者将自己所在企业与行业平均水平进行比较，然后得到该企业近三年平均业绩处于行业平均水平的位置并进行相应的打分。本书的调查问卷将答案分为 6 个等级，1 表示远低于行业平均水平，6 表示远高于行业平均水平，1~6 程度依次递增。要求被调查者在 1~6 之间选择一个该企业相对行业平均水平的位置。这样的评分方式在一定程度上抵消掉了一部分被调查者的业绩高估偏差。

（2）业绩指标多元化

本书所用调查问卷设置 34 个业绩指标，划分为三类：财务业绩指标 14 个、客观非财务指标 12 个和主观非财务指标 8 个。为了能够将业绩指标的数量和权重都反映在业绩指标多元化变量中，本书采用一个比率指标度量业绩指标多元化水平。该比率的分子是被调查者对每个业绩指标的打分之和，分母等于所有业绩指标数量乘以量表计分制的最大值，即 $34 \times 6 = 204$，因此该比率指标的取值位于 0~1。

6.3 实证结果及分析

本章的实证分析主要涉及两个变量：企业业绩和业绩指标多元化，其中企业业绩是潜变量，需要使用因子分析方法；业绩指标多元化是显变量，直接计算该变量取值。

6.3.1 因子分析结果

本书将企业业绩划分为三种不同层次的业绩：内部经营业绩、客户与市场业绩、财务业绩。每种业绩下面设置四个指标，这四个指标都是对同一类业绩的刻画。因此，使用验证性因子分析检验调查问卷设计的理论一致性。

（1）内部经营业绩

内部经营业绩的因子分析适合性检验结果显示（见表6.2）：取样足够度的 KMO 值为 0.792（>0.7），Bartlett 球形检验的近似卡方值的显著性概率为 0.000（<0.001），表明样本数据适宜进行因子分析。

表6.2 内部经营业绩的 KMO 测量和 Bartlett 球形检验结果

取样足够度的 KMO 值	0.792
Bartlett 球形检验的近似卡方值	145.694
自由度	6
显著性概率	0.000

内部经营业绩的验证性因子分析结果显示（见表6.3）：内部经营业绩所包含的题项 F2、F1、F3、F4 的载荷系数都大于

0.5（最小值为0.765，最大值为0.844），因此使用F2、F1、F3
和F4四个题项测量内部经营业绩。这四个题项的内部一致性系
数，即Cronbach α系数为0.810（>0.7），表明这四个题项测量
的内部经营业绩变量具有较高的信度。内部经营业绩变量的取
值等于F2、F1、F3和F4四个题项得分的算术平均值。

表6.3　　　　内部经营业绩的验证性因子分析结果

题　项	因子载荷系数
F2：产品合格率	0.844
F1：投入产出率	0.800
F3：及时送货率	0.789
F4：员工满意度	0.765

（2）客户与市场业绩

客户与市场业绩的因子分析适合性检验结果显示（见表
6.4）：取样足够度的KMO值为0.764（>0.7），Bartlett球形检
验的近似卡方值的显著性概率为0.000（<0.001），表明样本数
据适宜进行因子分析。

表6.4　客户与市场业绩的KMO测量和Bartlett球形检验结果

取样足够度的KMO值	0.764
Bartlett球形检验的近似卡方值	150.839
自由度	6
显著性概率	0.000

客户与市场业绩的验证性因子分析结果显示（见表6.5）：
内部经营业绩所包含的题项F7、F5、F6、F8的载荷系数都大于
0.5（最小值为0.703，最大值为0.836），因此使用F7、F5、F6
和F8四个题项测量客户与市场业绩。这四个题项的内部一致性
系数，即Cronbach α系数为0.764（>0.7），表明这四个题项测

量的客户与市场业绩变量具有较高的信度。客户与市场业绩变量的取值等于 F7、F5、F6 和 F8 四个题项得分的算术平均值。

表 6.5　　　客户与市场业绩的验证性因子分析结果

题　项	因子载荷系数
F7：客户满意度	0.836
F5：产品或服务质量	0.827
F6：新产品或服务上市数量	0.724
F8：市场占有率	0.703

（3）财务业绩

财务业绩的因子分析适合性检验结果显示（见表 6.6）：取样足够度的 KMO 值为 0.785（>0.7），Bartlett 球形检验的近似卡方值的显著性概率为 0.000（<0.001），表明样本数据适宜进行因子分析。

表 6.6　　财务业绩的 KMO 测量和 Bartlett 球形检验结果

取样足够度的 KMO 值	0.785
Bartlett 球形检验的近似卡方值	477.333
自由度	6
显著性概率	0.000

财务业绩的验证性因子分析结果显示（见表 6.7）：财务业绩所包含的题项 F11、F12、F10、F9 的载荷系数都大于 0.5（最小值为 0.851，最大值为 0.950），因此使用 F11、F12、F10 和 F9 四个题项测量财务业绩。这四个题项的内部一致性系数，即 Cronbach α 系数为 0.938（>0.7），表明这四个题项测量的财务业绩变量具有较高的信度。财务业绩变量的取值等于 F11、F12、F10 和 F9 四个题项得分的算术平均值。

表 6.7　　　　财务业绩的验证性因子分析结果

题 项	因子载荷系数
F11：总资产收益率	0.950
F12：净资产收益率	0.941
F10：销售利润率	0.928
F9：营业利润增长率	0.851

6.3.2　描述性统计

本章实证分析涉及的主要变量是 IOP、CMP、FP 和 PMD，在第四章已经对控制变量 SIZE、IND、AGE 和 LIST 进行过详细描述，此处主要对 IOP、CMP、FP 和 PMD 四个变量进行描述性统计，如表 6.8 所示。

表 6.8　　　　变量描述性统计表

变量	样本数	均值	标准差	最小值	最大值
IOP	115	4.235	0.755	2.000	6.000
CMP	115	4.165	0.784	2.000	6.000
FP	115	4.026	0.989	1.000	6.000
PMD	115	0.615	0.181	0.088	0.946

从表 6.8 的描述性统计结果可以看出，IOP 的均值为 4.235，最小值为 2，最大值为 6，表明被调查企业的内部经营业绩稍高于 3.5 的均值水平，分布范围较广。同理，被调查企业的客户与市场业绩、财务业绩也表现出这一特征。PMD 的均值达到 0.615，高出 0.5 的均值水平，说明被调查企业的业绩指标多元化程度较高。PMD 的最小值为 0.088，接近于 0，最大值为 0.946，接近于 1，说明被调查企业的业绩指标采用程度分布较为广泛，具有较强的代表性。

6.3.3 回归分析结果

表 6.9 是模型 6.1 的回归分析结果，用于检验业绩指标多元化的业绩后果。根据平衡计分卡的基本思想，将企业业绩划分为三个层次：内部经营业绩、客户与市场业绩、财务业绩，分别检验业绩指标多元化对三个层次业绩的影响。

从表 6.9 的回归分析结果中可以看出，PMD 对 IOP、CMP 和 FP 都具有显著正的影响，并且都在 1% 的水平上显著，说明业绩指标多元化对企业的内部经营业绩具有正向促进作用，即业绩指标多元化程度越高，则企业内部经营业绩越高；业绩指标多元化对企业的客户与市场业绩具有正向促进作用，即业绩指标多元化程度越高，则企业的客户与市场业绩越高；业绩指标多元化对企业的财务业绩具有正向促进作用，即业绩指标多元化程度越高，则企业的财务业绩越高。

表 6.9　业绩指标多元化与企业业绩的回归分析结果

变量	IOP	CMP	FP
常数项	2.900 *** (9.475)	2.824 *** (8.947)	3.346 *** (7.861)
PMD	1.783 *** (4.824)	1.785 *** (4.683)	1.658 *** (3.225)
SIZE	0.024 (0.546)	0.007 (0.162)	−0.076 (−1.230)
IND	0.090 (0.618)	0.139 (0.930)	−0.159 (−0.787)
AGE	0.028 (0.348)	0.038 (0.461)	0.024 (0.222)
LIST	−0.013 (−0.090)	0.121 (0.794)	0.200 (0.970)
Adj-R^2	0.177	0.190	0.069
F 值	5.870 ***	6.313 ***	2.674 **

注：* 表示 P<0.1，** 表示 P<0.05，*** 表示 P<0.01，下同。

表 6. 10 是模型 6. 2 的回归分析结果，用于检验 PMD 的二次项与企业业绩的关系。从该表可以看出，PMD 的二次项分别与 IOP、CMP 和 FP 都呈显著正相关关系，但是 PMD 一次项的回归系数都不显著，说明 PMD 与企业业绩并不存在 U 形或倒 U 形关系。而表 6. 9 的回归分析结果表明，PMD 与企业业绩呈现显著正相关的关系，结合表 6. 9 和表 6. 10，我们可以判断本书的大部分研究样本企业使用的业绩评价指标并未达到最优的采用程度，提高企业业绩评价指标的采用程度能够有效改善企业的业绩。虽然本书所用的研究样本企业并未支持研究假设四，但是并不影响研究假设中全新理论模型的解释力。由于管理会计实证研究的数据获取方式对样本数量具有重大的约束作用，可能导致研究结果出现不稳定的现象，加之管理会计实践本身的情境化特征，难免会出现样本企业的表现集中在理论模型的某一段。这就需要进一步的实证研究对该研究假设进行更加细致的检验。

表 6. 10 业绩指标多元化的二次项与企业业绩的回归分析结果

变量	IOP	CMP	FP
常数项	3. 621 *** (7. 726)	3. 459 *** (7. 119)	4. 432 *** (6. 787)
PMD	−1. 479 (−0. 887)	−1. 076 (−0. 623)	−3. 159 (−1. 360)
PMD * PMD	2. 945 ** (2. 004)	2. 581 * (1. 694)	4. 334 ** (2. 117)
SIZE	0. 027 (0. 615)	0. 009 (0. 201)	−0. 077 (−1. 257)
IND	0. 105 (0. 739)	0. 152 (1. 027)	−0. 143 (−0. 720)
AGE	0. 054 (0. 684)	0. 062 (0. 766)	0. 075 (0. 684)

表6. 10(续)

变量	IOP	CMP	FP
LIST	-0. 036 (-0. 249)	0. 099 (0. 655)	0. 147 (0. 727)
Adj-R^2	0. 200	0. 204	0. 096
F 值	5. 763 ***	5. 882 ***	3. 014 ***

6. 4 分类检验

本节进一步将研究样本按照所有制性质划分为国有企业样本和民营企业样本，调查问卷中关于被调查企业的所有制类型设置四个选项：国有独资或国有控股企业、民营企业、中外合资企业和外资企业。由于中外合资企业与外资企业的经营目标和模型比较接近民营企业，因此本书将民营企业、中外合资企业和外资企业划分为民营企业一类，将国有独资或国有控股企业划分为国有企业一类。经统计，国有企业样本有 68 个，民营企业样本有 47 个，分别在国有样本和民营样本中检验业绩指标多元化与企业业绩之间的关系，实证检验结果如表 6. 11 所示。从该表结果可以看出，不管是国有样本还是民营样本，业绩指标多元化与内部经营业绩、客户与市场业绩、财务业绩都呈显著正相关关系，说明在我国的国有与民营企业中增加业绩指标多元化程度都能够改善企业的业绩。值得注意的是，当被解释变量是财务业绩的时候，国有企业样本中业绩指标多元化对财务业绩的回归系数是 0. 997，民营企业样本中业绩指标多元化对财务业绩的回归系数是 2. 714，后者明显大于前者，说明在业绩指标多元化对财务业绩的提升方面民营企业的效果显著大于国有企业的效果。分析其中的原因，可能是由于国有企业承担一部分政府职能，主观非财务指标的过多采用也暗示国有企业承担过多的社会职能，在一定程度上就会削弱业绩指标多元化对企业财务业绩的正面提升作用。相对来说，民营企业采用主观非财务指标更多地与生产经营相关，所以业绩指标多元化对民营企业的财务业绩会有更多的改善作用。

表 6.11　业绩指标多元化与企业业绩关系的分样本检验结果

变量	IOP		CMP		FP	
	国有样本	民营样本	国有样本	民营样本	国有样本	民营样本
常数项	2.227 *** (5.13)	3.251 *** (7.34)	2.603 *** (5.45)	2.734 *** (6.19)	3.376 *** (6.61)	2.521 *** (3.36)
PMD	1.777 *** (3.63)	1.649 *** (3.03)	1.620 *** (3.01)	1.979 *** (3.64)	0.997 * (1.73)	2.714 *** (2.94)
控制变量	已控制	已控制	已控制	已控制	已控制	已控制
样本量	68	47	68	47	68	47
Adj-R^2	0.224	0.136	0.161	0.210	0.125	0.109
F 值	4.87 ***	2.44 **	3.57 ***	3.44 ***	2.91 **	2.12 *

6.5　本章小结

本章基于代理理论实证检验业绩指标选择的业绩后果，研究发现业绩指标多元化能够有效地提高企业内部经营业绩、客户与市场业绩、财务业绩。传统单一的业绩指标容易导致企业内部代理人的短期行为，不利于企业价值最大化的实现。所谓"评价什么就得到什么"，通常代理人有动机去关注有业绩指标对其绩效进行评价的活动，而往往忽视委托人不对其绩效进行评价的活动。根据这个思想，代理理论认为要想有效地降低代理人的代理成本，可以通过扩大代理人的绩效考核范围，即业绩评价指标体系来实现。业绩指标体系基本上包括两种类型的业绩指标：财务指标和非财务指标，非财务指标又可以进一步划分为客观非财务指标和主观非财务指标。非财务指标是财务指标的前导指标，主观非财务指标是对客观非财务指标的有效补充。按照平衡计分卡的思想，企业业绩分为三个层次：内部经营业绩、客户与市场业绩、财务业绩，这三个层次的业绩具有严密的内在逻辑关系，良好的内部经营业绩是形成客户与市场业绩的基础，只有企业的产品或服务在市场上被顾客认可，企业才可能拥有好的财务业绩表现。通常来讲，财务业绩的表现比较容易计量，设置相应的财务指标就可以有效地考核企业的财务业绩，如 EVA、净资产收益率、净利润等。客户与市场业绩的表现也比较容易计量，一般使用客观非财务指标就可以实现对客户与市场业绩的考察，如客户满意度、顾客投诉率、市场占有率等。但是，企业内部经营业绩的考核相对来说就比较困难了，主要是因为企业内部的职能部门具有不同的功能，难以采用统一的业绩指标进行准确的考核，尤其是费用中心的产出难以准确计量，因此仅仅是使用客观非财务指标难免产生较大的评价偏差，造成代理人的行为扭曲。这时，就可以运用主观非财务指标对客观非财务指标形成有效的补充，以纠正客观非财务指标的评价偏差。

我们知道，业绩评价最为重要的两个方面：一是业绩指标的选择；二是业绩指标权重的设置。前者是业绩指标体系量的问题，后者是业绩指标体系质的问题，两者共同构成业绩指标体系。只有业绩指标量与质的合理匹配，才能有效地降低代理人的代理成本，提高企业的业绩。基于此，为了能够有效地度量业绩指标多元化程度，调查问卷要求被调查者一方面选出该企业使用的业绩指标，另外一方面判断该企业对这些指标的重视程度，如果未使用某指标，则选择 0。本书运用这些问卷数据，设置一个比率指标，分子就是每一业绩指标的打分之和，分母等于所有指标的数量乘以量表计分制的最大值。用这一比率指标表示的业绩指标多元化程度，能够从业绩指标的量和质两个方面体现被调查企业的业绩指标使用情况。最后，运用业绩指标多元化变量分别对内部经营业绩、客户与市场业绩、财务业绩进行回归分析，研究发现业绩指标多元化变量与三个业绩变量都呈显著正相关关系，说明业绩指标多元化确实能够有效地降低代理人的代理成本，并且改善企业不同层次的业绩。进一步地，本书将研究样本划分为国有样本和民营样本，并再次对上述模型进行回归分析，研究结果表明业绩指标多元化对民营企业财务业绩的改善程度要高于对国有企业财务业绩的改善程度。

经营战略、业绩评价与企业业绩

本章基于权变理论视角，运用调查问卷数据检验业绩评价指标选择的经济后果。第 6 章从代理理论视角研究业绩指标多元化对企业业绩的影响，而且我们从第 5 章的研究结论知道影响企业业绩指标选择的因素有市场竞争程度和经营战略等权变变量，其中经营战略作为企业业绩指标选择的关键权变变量，业绩指标选择的业绩后果是否会受到企业经营战略的调节作用呢？本章将对该问题进行实证检验。

7.1 理论分析与研究假设

管理会计研究的一个基本目标就是确定管理会计方法或技术在哪种实践环境下能够起作用，为企业创造经济价值。权变理论认为没有任何一种管理技术或者方法能够适用于所用管理情境，这正符合管理会计的研究目标。权变理论诞生于 20 世纪 60 年代，随后大量的研究者通过案例研究概括了企业管理控制系统设计所应该考虑的内外部环境，并详细阐述了内外部环境与企业管理控制系统设计之间的关系。20 世纪 70 至 80 年代，Hayes（1977）和 Otley（1980）以权变理论为基础，探讨了组织环境、管理会计控制系统与组织绩效之间的关系，构建了管理会计的权变理论分析框架。20 世纪 80 至 90 年代，管理会计研究者运用权变理论研究新环境下管理会计控制技术与方法的有效性问题，比如 JIT、TQM、FMS 等制造环境背景下的管理会计应用问题。权变理论将企业的内外部组织环境视为组织结构的决定因素，管理会计系统作为企业组织结构的重要组成部分，自然也受到这些内外部环境的影响，即当企业外部环境的不确定性程度发生变化时，或者如生产技术、经营战略、组织规模、组织文化等内部环境发生变化时，企业的组织结构也要发生相应的变化，管理会计控制系统作为企业战略的实施系统也要发生相应的变化。

在这些内外部环境因素中，战略作为重要的权变变量，战略与管理控制系统之间的关系受到研究者的广泛关注。为何战略与管理控制系统之间的关系受到这么多学者的关注呢？这就源于哈佛大学安东尼教授将系统论引入管理控制并将管理控制系统作为一门学科加以建设。安东尼教授将企业控制区分为战略计划、管理控制与运营控制三个界限分明的层次，认为战略计划是制定新战略的过程，管理控制是确保资源有效配置和使用以实现组织目标的过程，运营控制是保证特别任务有效完成的过程。战略计划关注企业长期发展方向问题，运营控制关注企业短期工序运行问题，管理控制介于两者之间。管理控制位于组织的中层，连接高层的战略计划和基层的运营作业控制。管理控制系统的目的就是通过影响组织内其他成员保证战略的实施以实现组织的目标，即战略计划是一个制定战略的过程，管理控制是一个实施战略的过程。早期的研究认为，战略计划与管理控制是两个相对独立的系统，管理控制系统是在战略计划制订好之后来实施战略目标的。随着管理控制理论研究的深入，学术界关于战略与管理控制系统关系的认识发生了变化，逐渐开始认识到两者存在紧密的联系。研究者引入权变理论，并运用问卷数据实证检验两者之间的关系。一种观点认为，管理控制必须符合公司战略。这就意味着公司首先需要通过一个正式的、合理的程序制定自己的战略，然后依据已制定的战略设计管理控制系统。另一种观点认为，管理控制系统也影响着公司战略的制定与开发。如果公司所处行业的外部环境较为稳定、可预测，则可以首先运用正式的、合理的程序制定战略，然后根据公司战略设计管理控制系统以实施战略。但是，在一个不确定性程度较高的竞争环境中，公司就很难及时地根据外部环境的变化调整企业的发展战略，进而设计管理控制系统，执行所制定的战略。或许，在这种背景下，公司战略是在实验中通过非计划的过程逐渐形成的，这一过程就很容易受到公司已有管理控制系统的影响。从这个角度来理解，战略与管理控制系统是相互影响、共同演化的，两者之间的关系受到企业所处产业环境的影响。管理控制的基本职能是确保选定战略的执行，这是管理控制系统的诊断控制（diagnostic control）功能。但是，在环境变化莫测的行业中，管理控制信息，尤其是非财务信息，可以作为制定新战略的基础，这就是管理控制系统的交互控制（Interactive Control）功能。交互控制提醒管理者注意那些表明需要制定新战略的发展变化（如：市场份额、客户满意度等），是管理控制系统不可分割的组成部分。

管理控制系统是执行企业战略的工具。不同的企业，制定的战略不一样；同一个企业集团，在不同产业发展的不同经营单元其制定的战略也不一样。战略不同，则实现企业战略的关键成功因素不同，要求不同的任务顺序、不同的技能和行为。因此，管理者应该持续关注管理控制系统所激发的行为是否符合战略执行的需要。权变理论研究认为，组织环境、战略与管理控制系统之间的相互匹配能够给组织带来高收益。企业战略要根据组织环境来制定，管理控制系统的设计要满足已选定战略的信息搜集与处理的需要，从这个意义上来讲战略可视为组织环境对管理控制系统设计产生影响的中介变量。虽然已有的管理控制系统方面的实证研究将竞争环境、技术、战略、规模、文化等作为影响管理控制系统设计的权变因素，但是战略并不同于其他权变变量，或者说它并不属于组织环境的一部分，而是管理者用以影响外部环境、生产技术、组织结构、控制文化和管理控制系统的一个方式或手段（Chenhall，2003）。权变理论预测，不管企业选择何种战略，总有一种类型的战略比其他战略更适合特定的战略选择。已有的大多数研究都是探讨战略类型与管理控制系统类型之间的关系的。不同的学者对战略有不同的划分方法，比如创业型–保守型战略（Miller 和 Friesen，1982）、前瞻型—分析型—防守型战略（Miles 和 Snow，1978）、建立—维持—收获战略（Gupta 和 Govindarajan，1984）与产品差异化—成本领先战略（Porter，1980）。采用保守型、防守型、收获、成本领先战略的企业倾向于采用机械式的控制系统，集权式的组织结构，强调工作程序的正式与专业化，注重严格的预算管理与成本控制；采用创业型、前瞻型、建立、产品差异化战略的企业倾向于采取有机式的控制系统，往往没有标准化的工作程序，而是建立分权式的、富有弹性的组织结构，适合主观的、长期的控制类型。相对于防守型战略来说，采取前瞻型战略的企业更加注重交互式控制，强调上下级之间的对话、沟通与学习。随着经验研究的不断深化，学术界认为战略并不是一个二分变量，非此即彼的分类。处于两端的战略代表两种极端的战略类型，战略是一个以两个极端战略为端点的连续集，分析型或者维持战略就位于这个连续集的中点。在管理实践中，企业通常不会采用两个极端战略，只是说某企业的战略更偏向于哪一端，偏离中点的程度大小而已。我们知道管理控制系统具有控制与探索功能，采用防守型战略的企业更加强调控制功能，采用前瞻型战略的企业更加强调探索功能。尽管控制与探索功能的目标有明显差别（前者追求效率与可靠性，后者追求创新和灵活性），但是控制与探索功能并非不可共存，尤其是在复杂多变的环境中，控制和探索相互协同、相互促进彼此的有效性（文东华，等，2009）。因此，实践中企业在选择管理控制工具时，机械式与有机式的控制工具都会使用，只是两者在使用数量和程度上存在一个多少、强弱的问题，管理控制系统作为一个整体就能体现出机械或有机的控制特征。

根据控制理论的基本原理，一个控制系统至少应该包括目标设置、结果反馈、差异衡量、差异纠正四个环节（池国华，2004）。具体到管理控制系统来说，一个完整的管理控制系统应该由预算、信息与沟通、业绩评价和激励四个子系统构成（池国华，2004）。这四个子系统正好对应于控制系统理论的四个环节：预算子系统通过分解、细化企业的战略目标实现目标设置功能；信息与沟通子系统通过向上级管理者传达下级员工的行为或业绩以实现结果反馈职能；业绩评价子系统通过财务指标与非财务指标所组成的业绩评价指标体系衡量其与预算目标的差异，实现差异衡量功能；激励子系统基于业绩评价系统的评价结果，根据既定的合约对员工行为进行激励与约束，实现差异纠正功能。作为现代企业管理控制系统的重要环节，业绩评价系统在引导企业战略目标的方向与控制战略的实施方面起到举足轻重的作用。业绩评价系统在整个管理控制系统中起到承上启下的作用。预算子系统是对企业战略计划的细化与分解，为业绩指标的选择提供了方向和评价的标准。业绩评价系统的评价结果为激励子系统的实施提供了依据，业绩评价与激励机制的结合能有效地实现企业的经营战略，激励机制与业绩评价必须统一于企业的战略（胡玉明，2011）。业绩评价系统包括业绩评价目标、业绩评价指标、业绩评价标准和业绩评价方法等。其中，业绩评价指标的选择是组织面临的最关键挑战之一（Ittner 和 Larcker，1998）。胡玉明（2011）也指出基于管理会计视角，绩效评价指标的选择是绩效评价的最关键问题。业绩指标选择是业绩评价系统设计的关键过程，是公司战略的具体落实，而且是将公司关键成功因素分解为具体责任目标并下达给战略计划执行者的过程。业绩评价指标选择正确与否直接关系到经营战略的执行结果。因此，业绩评价指标与经营战略的匹配程度对企业战略的实现程度将会产生重要的影响。

决定业绩指标信息含量的一个重要因素是公司的经营战略。已有研究认为薪酬合约中业绩指标的选择与公司战略应该紧密相连，以确保对管理者的激励与公司的目标达成一致（Govindarajan 和 Gupta，1985）。基于权变理论的业绩评价研究认为管理控制系统的最优设计依赖于组织的特征，尤其是企业的经营战略。已有研究关于企业战略与业绩评价之间的关系及其业绩后果的检验，主要从两个角度去进行研究设计。两个角度的研究设计差别主要体现在对企业战略的衡量方式上：一组文献通过对企业战略特征的描述来衡量公司战略（如：前瞻型与防守型、差异化与成本领先、建立与收获等）；另外一组文献通过识别或测量公司的具体战略作为对战略的测量（如：质量战略、JIT 或弹性生产等）。Govindarajan 和 Gupta（1985）发现采取建立型战略（提高销售与市场份额）的企业比采取收获型战略（最大化短期利润）的企业更加重视非财务指标，如研发、市场份额、新产品开发、顾客满意度等。类似地，Simons（1987）研究发现采取防守型战略的企业更多地依赖财务预算目标决定管理者奖金。Ittner et al.（1997）发现采取前瞻型战略的企业比采取防守型战略的企业将更大的权重放在非财务指标上。尽管这些研究发现业绩指标选择与经营战略类型的相关关系，但是这些文献很少考察这种选择的业绩后果，也就无法判断某种经营战略下业绩指标选择的有效性。Ittner 和 Larcker（1995）、Chenhall（2003）也认为现有的研究缺乏考察经营战略—业绩评价—企业业绩三者关系的经验证据。在这种情况下，就很难判断业绩评价系统的有效性，从而就不能找出两者适配关系的一般规律。以权变理论为基础的研究主要关注不同经营战略下MCS 的有效性。不同战略环境下，MCS 的有效性是不一样的。MCS 与战略环境匹配度越高，则 MCS 越有效。MCS 的有效性通常采用员工满意度和企业绩效进行衡量。尤其是随着行为科学的发展，越来越多的研究开始关注一项新的 MCS 的引入对员工行为的影响，并运用员工满意度衡量 MCS 的有效性。正如 Otley（1980）所指出的那样，只有考虑了企业业绩才能完整地体现真正的权变理论。正是在这种思想的指导下，20 世纪末开始，国际主流杂志上发表的管理会计论文都很重视对管理会计控制系统的业绩效应进行检验。这也在很大程度上将权变理论在管理会计研究中的应用推向了一个新的高度。Chong 和 Chong（1997）、Bouwens 和 Abernethy（2000）发现在采取前瞻型或差异化战略的企业中扩大业绩评价系统的范围能够取得更好的业绩。Ittner et al.（2003a）运用金融服务公司的数据样本检验战略业绩评价系统的业绩效应，发现业绩评价指标的多元化与评价系统满意度、股市收益率正相关，样本数据并不支持业绩评价的适配假设：业绩评价系统与公司战略或价值驱动因素匹配度与公司业绩正相关。Said et al.（2003）实证检验薪酬合约中的非财务指标对当前与未来业绩的影响，发现采用非财务指标能够改善公司当前与未来的股票市场业绩，对改善公司的会计业绩只有部分支持，并且作者指出非财务业绩指标的使用与公司业绩的关系受到公司的经营与竞争特征的影响。公司战略的相关文献研究表明，竞争战略可以定义为两种不同战略导向的连续集（Miles 和 Snow，1978；Porter，1980）。在连续集的一端，公司具有前瞻型的特征或者公司采用差异化竞争战略。这些企业不断地寻找产品或服务的市场机会，能够快速地适应外部环境的变化，并遵循"市场第一"的原则。在连续集的另外一端，公司具有防守型的特征或者采取成本领先战略。这些企业努力地维持当前的产品或服务的市场份额，为了能够维持这个市场份额，他们通常采取各种措施改善企业的经营效率以降低产品或服务成本。

　　另外一组文献研究企业的具体生产战略或价值驱动因素、业绩指标的选择与公司业绩的关系。这些研究发现三者之间存在系统化的关系。如果企业强调适时制生产、产品质量或弹性生产时，企业会更强调非财务指标的采用。但是，上述两者关系的业绩效应并没有得到一致的检验结论。一些研究发现两者的匹配关系具有正向的业绩效应，如 Abernethy 和 Lillis（1995）；一些研究发现这种关系随着业绩评价的特征以及其他生产技术的实施而呈现不一样的结果，如 Ittner 和 Larcker（1995）、Sim 和 Killough（1998）；一些研究并没有发现显著的关系，如 Pererra et al.（1997）。Van der Stede et al.（2006）实证检验质量生产战略与不同类型业绩指标的使用之间的关系，研究证据部分支持战略与业绩评价的匹配对公司业绩的影响，发现强调质量生产战略的企业更多地采用客观与主观非财务指标，但是只有质量生产战略与主观非财务指标的匹配能够正向影响公司业绩，而没有支持客观非财务指标与质量战略的匹配对公司业绩的正向影响。

　　由于企业战略是一个内涵丰富的概念，包括研发战略、生产战略、营销战略等，因此仅仅从生产战略的角度对企业战略进行度量存在一定的缺陷，并不能较为准确地反映企业经营战略的特征，也不能体现经营战略与企业环境之间的关系。经营战略不同于其他权变变量，是企业组织与外部环境相互作用的结果，也是影响其他变量的一种方式。企业经营战略的选择是适应企业外部环境的一种方式，合理匹配的"环境—战略"关系将是业务单元目标实现的有力保证。战略模式反映业务单元处理业务与环境关系的基本导向，因此本书选择经营战略模式作为对企业经营战略的衡量。关于经营战略模式的分类，一般将 Miles 和 Snow（1978）的分类方法作为最基本的分类，即前瞻型战略与防守型战略。而且本书的分析层次定位为业务单元，

Hoque（2004）指出 Miles 和 Snow（1978）的战略分类模式是适合业务单元分析层次的。不同的业务单元由于其面临的经营环境不同，因此可能采取不同的经营战略。业绩评价系统设计的主要意图就是将企业的经营战略转化为可操作的业绩指标，业务单元的经营战略作为公司层战略的分解，是业务单元业绩评价系统设计的直接依据和具体体现，公司管理层和业务单元的管理者应该根据该业务单元的经营战略来决定业绩评价系统的设计。作为业绩评价系统设计的重要环节，也是体现企业经营战略的重要一环，业绩指标的选择必须建立在业务单元的具体经营战略上。只有当选择的业绩指标能够体现企业的经营战略，才能有效地激励企业的经营者按照经营战略方向来运营，这样才能够实现业务单元的经营战略，进而实现整个企业的公司层战略，最终达成公司的总体目标。

采取防守型战略的企业更加强调维持已有的市场份额。其主要是通过改进企业的生产技术、控制企业的成本费用，提高企业的生产效率，进而获得成本上的领先优势。在市场营销方面，主要通过"价格战"的方式占领市场。因此，短期的财务指标，如成本控制、经营利润、经营现金流、投资回报率等，对于衡量管理者业绩更准确。如果在防守型战略企业中过多地引入非财务指标衡量管理者业绩，将不利于正确地激励管理者集中精力改善企业生产技术，控制企业的成本发生，这样就使得防守型战略的企业失去了产品价格优势，最终导致企业产品不具备市场竞争力，降低企业业绩。

相对来说，在采取前瞻型战略的企业中，管理者会将大量的精力和财力花在市场调研、市场营销、新产品研发等方面，希望通过开发差异化的产品、提高产品的附加值等途径，增加产品的市场份额，进而获取更大的利润。那么，管理者所付出的努力反映在财务指标中就具有一定的时滞性。如果仅仅用财务业绩指标去评价当期管理者的业绩，将不能准确地捕获管理者的行为，可能造成业绩评价的巨大偏差。在这种情况下，财务会计指标在管理者薪酬激励机制中的信息含量会大打折扣。由于非财务指标信息并不是公开可获取的（如：顾客满意度、研发等），其包含的反映当前管理者行为的大部分信息并未反映在当前的股票价格中。从这个意义上说，即使应用股市收益率指标去弥补财务会计指标也不能解决这个问题。因此，对于采取前瞻型战略的企业来说，应该更多地应用非财务指标准确地反映管理者行为。只有准确地衡量管理者行为的结果，才能有效地激励有利于组织业绩最大化的管理者行为，抑制管理者的机会主义行为，降低组织的代理成本，提高组织业绩。所以我们认为采取前瞻型战略的企业，较多地引入非财务指标，能够改善组织业绩。据此，本书提出研究假设五：

H5：相对于防守型战略来说，采取前瞻型战略的企业应用非财务指标程度越高，则企业业绩越高。

7.2 研究设计

本章运用调节变量模型实证检验经营战略、业绩指标与企业业绩的关系，经营战略调节业绩指标与企业业绩之间的关系。其中，业绩指标划分为三种类型：财务指标、客观非财务指标与主观非财务指标；企业业绩划分为三个层次：内部经营业绩、客户与市场业绩、财务业绩。

7.2.1 模型设计

本章需要探讨经营战略与三种不同业绩指标的调节关系，

模型 7.1 分析经营战略调节财务指标与企业绩效的关系，模型 7.2 分析经营战略调节客观非财务指标与企业绩效的关系，模型 7.3 分析经营战略调节主观非财务指标与企业绩效的关系。每个模型中的企业绩效分为内部经营业绩、客户与市场业绩、财务业绩，3 个模型实际上包含 9 个回归方程，有助于深入挖掘经营战略发挥调节作用的内在路径。

$$IOP/CMP/FP = \beta_0 + \beta_1 FM + \beta_2 BS + \beta_3 FM1 * BS1 + \sum \beta_i controlvariables + \varepsilon \qquad (7.1)$$

$$IOP/CMP/FP = \beta_0 + \beta_1 ONFM + \beta_2 BS + \beta_3 ONFM1 * BS1 + \sum \beta_i controlvariables + \varepsilon \qquad (7.2)$$

$$IOP/CMP/FP = \beta_0 + \beta_1 SNFM + \beta_2 BS + \beta_3 SNFM1 * BS1 + \sum \beta_i controlvariables + \varepsilon \qquad (7.3)$$

上述模型的变量定义如表 7.1 所示：

表 7.1　　　　　　　　变量定义表

变量名称	变量简写	变量定义
内部经营业绩	IOP	由投入产出率、产品合格率、及时送货率和员工满意度四个指标组成
客户与市场业绩	CMP	由产品或服务质量、新产品或服务上市数量、客户满意度和市场占有率四个指标组成
财务业绩	FP	由营业利润增长率、销售利润率、总资产收益率和净资产收益率四个指标组成
财务指标	FM	财务指标采用程度是一个比率值，分子为每个财务指标的打分之和，分母等于财务指标数量乘以量表计分制的最大值，即 14×6＝84
客观非财务指标	ONFM	客观非财务指标采用程度是一个比率值，分子为每个客观非财务指标的打分之和，分母等于客观非财务指标数量乘以量表计分制的最大值，即 12×6＝72

表7.1（续）

变量名称	变量简写	变量定义
主观非财务指标	SNFM	主观非财务指标采用程度是一个比率值，分子为每个主观非财务指标的打分之和，分母等于主观非财务指标数量乘以量表计分制的最大值，即 8×6＝48
经营战略	BS	防守型战略与前瞻型战略位于该连续变量的两端，该变量得分越高，则越倾向于前瞻型战略
组织规模	SIZE	企业员工人数的自然对数
行业类型	IND	当被调查企业为制造业企业，则 IND＝1；否则 IND＝0
成立年限	AGE	企业成立年限的自然对数
上市背景	LIST	当被调查企业是上市公司，则 LIST＝1；否则 LIST＝0

7.2.2　变量测量

上述模型中，FM1、ONFM1、SNFM1、BS1 分别是 FM、ONFM、SNFM 和 BS 去中心化处理后的变量，即用变量的每个观察值减去该变量的均值。由于自变量与调节变量往往与它们的乘积项高度相关，去中心化处理的目的是缓解回归方程中变量之间的多重共线性问题[①]。由于本章实证检验所用到的研究变量都已经在第五章与第六章中进行过详细地描述，并且对每个变量的测量方式都做过细致的介绍，因此本章就不再赘述上述变量的测量方法。

---

① 陈晓萍，徐淑英，樊景立. 组织与管理研究的实证方法［M］. 北京：北京大学出版社，2008：325.

7.3 实证结果及分析

本章的实证分析主要涉及企业业绩、业绩指标和经营战略变量，由于企业业绩与经营战略变量已经在第五章、第六章中进行过因子分析和描述性统计，此处就不再赘述，因此本章主要对业绩指标这个显变量进行描述性统计，然后就对模型 7.1、模型 7.2 和模型 7.3 进行实证检验。

7.3.1 描述性统计

财务指标采用程度 FM、客观非财务指标采用程度 ONFM 与主观非财务指标采用程度 SNFM 三个变量的描述性统计结果如表 7.2 所示：

表 7.2   **变量描述性统计**

变量	样本数	均值	标准差	最小值	最大值
FM	115	0.646	0.201	0.060	1.000
ONFM	115	0.515	0.203	0.000	0.917
SNFM	115	0.655	0.275	0.000	1.000

从表 7.2 的描述性统计结果可以看出，FM 和 SNFM 两个变量的均值高于 0.5，说明被调查企业在财务指标和主观非财务指标方面采用程度较高。ONFM 变量的均值基本上位于 0.5 的水平，说明被调查企业采用客观非财务指标的程度适中。三个变量的最小值都接近于 0，最大值都接近于 1，说明被调查企业的业绩指标采用程度分布范围较广，调查样本具有较强的代表性。

7.3.2 回归分析结果

表 7.3、表 7.4 和表 7.5 分别是模型 7.1、模型 7.2 和模型 7.3 的回归分析结果，分别检验经营战略对财务指标业绩效应的调节作用、对客观非财务指标业绩效应的调节作用和对主观非财务指标业绩效应的调节作用。每个模型中都分别使用三个不同的被解释变量，即三个不同层次的业绩变量，因此每个表格中包括三个回归方程的分析结果。

表 7.3 的回归结果中，FM1_BS1 表示 FM 和 BS 去中心化后的乘积项，该表的分析结果显示，在三个回归方程的分析结果中 FM1_BS1 对被解释变量均不具有显著的影响。这一结果说明，企业经营战略对财务指标与企业业绩之间的关系并不具有调节效应。联系到本章提出的研究假设，越倾向于采取前瞻型战略的企业应用非财务指标程度越高，则越有利于企业业绩的改善。该假设的潜在含义就是前瞻型战略与非财务指标两者相匹配就能够提高企业业绩，而模型 7.1 的回归结果显示前瞻型战略与财务指标的匹配就无法有效提高企业绩效，所以该分析结果从一个侧面支持了本章的研究假设。

表 7.3　经营战略、财务指标与企业业绩的回归分析结果

变量	IOP	CMP	FP
常数项	2.095 *** (6.157)	1.771 *** (5.351)	2.521 *** (5.114)
FM	1.048 *** (3.094)	0.659 ** (2.001)	0.624 (1.272)
BS	0.279 *** (4.537)	0.389 *** (6.502)	0.327 *** (3.672)
FM1_BS1	−0.421 (−1.584)	0.043 (0.166)	−0.134 (−0.348)

表7.3(续)

变量	IOP	CMP	FP
控制变量	已控制	已控制	已控制
Adj-R^2	0.288	0.376	0.129
F 值	7.586***	10.824***	3.421***

注：括号中的数值为 t 值，* 表示 P<0.1，** 表示 P<0.05，*** 表示 P<0.01，为了更好地观察解释变量的回归结果，未将控制变量的回归系数展示出来，下同。

表7.4 的回归结果中，ONFM1_BS1 表示 ONFM 和 BS 去中心化后的乘积项，该表的分析结果显示 ONFM1_BS1 在三个回归方程中都是负的系数，但是只有在第一个和第三个方程中呈现显著为负的系数，在 10% 的水平上显著。这一结果说明，经营战略负向调节客观非财务指标采用程度与内部经营业绩的关系，也负向调节客观非财务指标采用程度与财务业绩的关系，但是并不对客观非财务指标采用程度和客户与市场业绩的关系构成调节作用。分析其中的原因，本书认为可能是由于客观非财务指标本身的特点使然。如果企业越倾向于采取前瞻型战略，则越重视产品的研发、员工的学习与成长、企业文化等软实力的建设，这些软实力的建设并不能立竿见影地形成产出，而是一个循序渐进的过程，实现企业的可持续发展。此时，如果过多地采用来自企业经营系统的客观非财务信息考核各部门或个人，就可能掣肘前瞻型战略的实施，反而降低企业的绩效。同时，企业内部设置有不同的业务部门，由于部门性质和功能的特殊性，并不是每个部门都适合应用客观非财务信息考核。对于那些不适合应用客观非财务信息考核的部门，如果强行应用该类指标考核，就有可能造成业绩评价的较大偏差，进一步出现代理人的行为扭曲，从而不利于经营战略的实现。在这种情况下，就需要根据各部门的具体情况，分析该部门的业务特点，设置具有针对性的、有利于经营战略实现的业绩评价指标，如引入

主观非财务指标,并分别给客观非财务指标和主观非财务指标赋予一定的权重,以降低业绩评价结果的偏差。

表7.4　经营战略、客观非财务指标与企业业绩的回归分析结果

变量	IOP	CMP	FP
常数项	2.318 *** (6.858)	1.911 *** (5.876)	2.797 *** (5.909)
ONFM	0.538 (1.544)	0.389 (1.160)	−0.393 (−0.806)
BS	0.312 *** (4.976)	0.406 *** (6.733)	0.392 *** (4.466)
ONFM1_BS1	−0.526 * (−1.939)	−0.268 (−1.027)	−0.676 * (−1.781)
控制变量	已控制	已控制	已控制
Adj-R^2	0.256	0.363	0.150
F 值	6.618 ***	10.282 ***	3.885 ***

表7.5 的回归结果中,SNFM1_BS1 表示 SNFM 和 BS 去中心化后的乘积项,该表的分析结果显示 SNFM1_BS1 只在第三个回归方程中具有显著正的系数,在 10% 的水平上显著。这一结果表明,经营战略正向调节主观非财务指标与财务业绩的关系,并不对主观非财务指标与内部经营业绩、客户与市场业绩的关系具有调节作用。也就是说,越倾向于采取前瞻型战略的企业应用主观非财务指标的程度越高,则财务业绩表现越好,但是并没有直接体现在内部经营业绩、客户与市场业绩的改善上。分析其中的原因,本书认为可能是由于样本企业性质导致的,在中国特殊的制度环境下,国有企业并不是一个纯粹的市场竞争主体,还替政府承担一部分公共服务职能,因此国有企业的业绩考核中主观非财务指标(管理绩效)占到 30% 的权重。相对国有企业来说,民营企业承担的社会责任就少得多,主要是

以盈利为目的的经济主体，所以在企业的业绩考核中更多地以财务指标和客观非财务指标为主，较少地涉及主观非财务指标，如社会贡献、行业影响等。同时，由于国有企业的所有者缺位问题并未得到根本解决，内部人控制问题还比较严重，由此导致的管理者代理成本居高不下。与此不同的是，民营企业有明确的所有者，有强大的动力激励与约束企业的内部管理者，管理者的代理成本就要小得多。从代理成本的角度来说，国有企业与民营企业在最终的业绩表现上肯定会存在明显的差别。据此，本书有必要进一步分样本考察经营战略的调节效应。

表 7.5　经营战略、主观非财务指标与企业业绩的回归分析结果

变量	IOP	CMP	FP
常数项	2.317 *** (7.049)	1.845 *** (5.850)	2.374 *** (5.429)
SNFM	0.800 *** (3.344)	0.617 *** (2.689)	1.202 *** (3.778)
BS	0.278 *** (4.567)	0.386 *** (6.623)	0.292 *** (3.605)
SNFM1_BS1	−0.235 (−1.150)	0.091 (0.463)	0.536 * (1.977)
控制变量	已控制	已控制	已控制
Adj-R^2	0.294	0.398	0.272
F 值	7.770 ***	11.781 ***	7.096 ***

7.4 分类检验

本节进一步将研究样本划分为国有企业样本和民营企业样本，其中国有样本 68 个，民营样本 47 个。通过回归分析发现，分样本只在经营战略调节主观非财务指标与内部经营业绩关系时表现出明显的差异，分析结果如表 7.6 所示。

表 7.6 经营战略、主观非财务指标与内部经营业绩的分类检验结果

变量	IOP		
	全样本	国有企业样本	民营企业样本
常数项	2.317*** (7.049)	2.092*** (4.821)	2.876*** (5.031)
SNFM	0.800*** (3.344)	0.170 (0.393)	0.830** (2.092)
BS	0.278*** (4.567)	0.365*** (4.001)	0.182* (1.873)
SNFM1_BS1	−0.235 (−1.150)	−0.982** (−2.372)	−0.047 (−0.142)
控制变量	已控制	已控制	已控制
样本量	115	68	47
Adj-R^2	0.294	0.379	0.158
F 值	7.770***	6.831***	2.243*

从表 7.6 的分类检验结果可以看出，全样本回归分析结果中并未发现经营战略对主观非财务指标与内部经营业绩关系的调节效应，但是在国有企业样本中发现经营战略对主观非财务指标与内部经营业绩的关系具有显著的负向调节作用，民营企

业样本却没有这一关系。这就表明采取前瞻型战略的国有企业，过多地应用主观非财务指标会降低企业的内部经营业绩，而在民营企业样本中采取前瞻型战略的企业使用主观非财务指标并不会影响企业绩效。分析其中的原因，可能是由于国有企业的特殊定位所引致，主观非财务指标的应用导致管理者经营目标的分散，不利于管理者集中精力搞生产经营，所以导致国有企业内部经营业绩的下降。相对来说，民营企业的经营目标较为明确，所有者能够有效地激励和约束管理者集中精力提高企业的经济效益，与生产经营无关的主观非财务指标就会很少出现，如此一来就能够有效提升企业的内部经营业绩。

在表 7.7 的分析结果中，发现经营战略正向调节主观非财务指标与财务业绩的关系。通过分样本回归分析发现，虽然 SNFM1_BS1 在两个样本中的系数都不再显著，但是 SNFM1_BS1 在国有企业样本中的系数符号为负，在民营企业样本中的系数符号为正。SNFM1_BS1 在两个样本中的回归系数符号发生改变①，而其他变量的系数都未发生变化，足以证明 SNFM1_BS1 在两个样本中具有完全不同的表现。研究结果表明，采取前瞻型战略的国有企业应用过多的主观非财务指标将不利于财务业绩的改善，而采取前瞻型战略的民营企业应用较多的主观非财务指标将有利于财务业绩的提升。这一点也正好印证了前文的理论分析，国有企业的主观非财务指标更多的是与经济目标不相关的指标，国有企业所有者缺位的问题可能引致管理者的机会主义行为，导致内部代理成本的上升，最终影响国有企业的财务业绩表现。民营企业正好在这方面具有明显的优势，产权关系明确，公司治理机制能够得到有效的实施，从而经营战略可以起到正向调节的效应，最终实现民营企业财务业绩的提升。

---

① 该变量的系数不显著可能是由分样本的样本量过少造成的。

表 7.7 经营战略、主观非财务指标与财务业绩的分类检验结果

变量	FP		
	全样本	国有企业样本	民营企业样本
常数项	2. 374 *** (5. 429)	2. 752 *** (5. 341)	1. 799 *** (2. 101)
SNFM	1. 202 *** (3. 778)	0. 157 (0. 313)	1. 485 ** (2. 503)
BS	0. 292 *** (3. 605)	0. 368 *** (3. 401)	0. 328 ** (2. 251)
SNFM1_BS1	0. 536 * (1. 977)	−0. 570 (−1. 164)	0. 562 (1. 134)
控制变量	已控制	已控制	已控制
样本量	115	68	47
Adj-R^2	0. 272	0. 288	0. 325
F 值	7. 096 ***	4. 871 ***	4. 162 ***

7.5 本章小结

　　本章基于权变理论实证检验经营战略、业绩指标选择与企业业绩三者之间的关系。研究发现，经营战略负向调节客观非财务指标与内部经营业绩、财务业绩的关系，正向调节主观非财务指标与财务业绩的关系。进一步将研究样本划分为国有企业样本和民营企业样本，对上述关系进行分类分析发现，国有企业样本中经营战略负向调节主观非财务指标与内部经营业绩的关系，而在民营企业样本中并不存在这一关系；经营战略对主观非财务指标与财务业绩关系的调节作用，在国有企业和民

营企业样本中具有截然相反的表现，国有企业样本中表现为负向调节效应，民营企业样本中表现为正向调节效应。这一结论说明，同样采取前瞻型战略的企业，国有企业较多地使用主观非财务指标会降低企业的财务业绩，民营企业较多地使用主观非财务指标会提高企业的财务业绩，造成这一现象的主要原因是国有企业承担一部分社会职能，主观非财务指标的采用程度高可能会使得国有企业付出更多的财务资源承担社会职能，如扶贫、就业等。相对应地，民营企业采用主观非财务指标更多地出于企业内部经营管理的需要，较少承担与生产经营无关的社会职能，因此在前瞻型战略的主导下民营企业使用主观非财务指标就能够改善企业财务业绩。

Van der Stede et al.（2006）实证检验质量生产战略与不同类型业绩指标的使用之间的关系，研究证据部分支持战略与业绩评价的匹配对公司业绩的影响，发现质量生产战略与主观非财务指标的匹配能够正向影响公司业绩，而没有支持客观非财务指标与质量战略的匹配对公司业绩的正向影响。与该文的研究相比，本书对经营战略的度量方式更加具有普适性、合理性，也发现经营战略与主观非财务指标的匹配能够正向影响企业财务业绩，而且发现经营战略与客观非财务指标的匹配负向影响企业的内部经营业绩和财务业绩。更具增量贡献的是，本书将研究样本划分为国有样本与民营样本，在中国特殊的制度背景下发现两种不同性质的样本中出现截然相反的现象，即经营战略与主观非财务指标的匹配负向影响国有企业的财务业绩，正向影响民营企业的财务业绩。这一研究发现进一步印证了管理会计实践的情境化特征。

8

研究结论、局限及展望

本章将对全书内容进行系统的总结，主要由三部分组成：一是主要研究结论；二是研究局限性；三是未来研究展望。

8.1 研究结论

本书基于权变理论和代理理论，深入分析企业内部业绩评价指标选择的影响因素与经济后果。具体来说，根据安东尼教授的管理控制系统理论思想，选择企业内部业务单元经营战略作为业绩评价指标选择的关键权变变量，集中探讨经营战略对业绩评价指标选择的影响及其经营战略对业绩指标选择的业绩后果的调节效应。为了研究问题的逻辑完整性，本书遵循胡玉明（2011）提出的中国管理会计理论与方法研究的学术思想：立足于中国转型经济环境下的特有制度背景，综合运用会计学、经济学、管理学、组织行为学、社会学和心理学等学科的理论与方法，基于管理会计的"技术、组织、行为、情境"四个维度和"环境→战略→行为→过程→结果"一体化的逻辑基础，系统地研究中国企业管理会计理论与方法。由于经营战略的制定主要受到企业内外部环境的影响，因此引入外部环境中对经营战略制定具有重大影响的变量——市场竞争程度，打通环境、战略、管理控制系统与企业业绩之间的逻辑关系，沿着"环境→战略→业绩评价→企业业绩"的逻辑路径进行研究。

本书的中心话题是企业业绩评价指标选择，从理论层面深入分析业绩评价指标选择的影响因素与经济后果，并运用调查问卷数据实证检验市场竞争程度与经营战略对业绩评价指标选择的影响及其业绩评价指标采用的业绩后果。实证研究部分主要包括三部分内容：一是以权变理论为视角，运用中介变量模型检验市场竞争程度、经营战略与非财务指标采用程度之间的关系；二是以代理理论为视角，实证检验业绩指标多元化对企业三个层面业绩的影响；三是以权变理论为视角，运用调节变量模型实证检验经营战略对业绩评价指标的业绩后果的调节作用。本书遵循国际主流的管理会计实证研究方法，精心设计出一份包含市场竞争程度、经营战略、业绩评价指标和企业业绩的调查问卷，将其向我国国有企业和民营企业发放并回收问卷数据。通过对问卷数据的严格筛选，运用因子分析方法进行信度和效度检验，最后利用回归分析方法实证检验"市场竞争程度→经营战略→业绩指标采用程度→企业业绩"这一逻辑路径的关系，获得了具有理论与实践价值的研究结论。具体可以总结为如下三点：

（1）管理控制系统的设计符合权变理论思想，影响管理控制系统设计的权变因素具有层次性。通常来说，管理控制系统的设计主要考虑的权变因素有环境、战略、技术和规模等。但是，这些权变因素并不是处于同一层次的变量。根据安东尼教授的管理控制系统理论，企业控制可分为三个层次：战略控制、管理控制和经营控制，管理控制系统是对战略控制系统的反映，并实施企业的经营战略。根据战略管理关于环境和战略关系的理论分析，企业战略是对组织内外部环境的反映，可以认为战略是对企业内外部环境的适应方式。综合战略管理和管理控制系统理论，我们认为"环境→战略→管理控制"构成一个逐级递进的逻辑关系。由此可见，相比管理控制系统设计的其他权变因素，战略是一个更高层次的权变变量，只有战略与环境的匹配度提高了，才能设计出高效的管理控制系统。本书以业绩评价系统为研究焦点，从理论层面论证了经营战略是市场竞争程度与非财务指标采用程度关系的中介变量。在此理论假设下，遵循中介变量研究模式，运用问卷调查数据实证检验市场竞争程度、经营战略与非财务指标采用程度三个变量之间的关系。实证研究发现，仅仅国有企业的经营战略在市场竞争程度与非财务指标采用程度的关系中起到完全中介的作用，也就是说国有企业面临的市场竞争程度对非财务指标采用程度的影响需要通过经营战略这个中介变量才能起作用。这一研究结论正好验证了"环境→战略→管理控制"这一逻辑路径，环境与战略是不同层次的权变变量。该研究结论在理论层面深化了我们对权变变量内部的结构关系的认识，在企业管理实践方面要求管理者敏锐察觉市场环境的变化，及时调整企业的经营战略，并且适时地匹配企业管理控制系统模式。

（2）基于代理理论实证检验业绩指标多元化的业绩后果，运用业绩指标多元化变量分别对内部经营业绩、客户与市场业绩、财务业绩进行回归分析，研究发现业绩指标多元化变量与三个业绩变量都呈显著正相关关系，说明业绩指标多元化确实能够有效地降低代理人的代理成本，并且改善企业不同层次的业绩。传统单一的业绩指标容易导致企业内部代理人的短期行为，不利于企业价值最大化的实现。所谓"评价什么就得到什么"，通常管理者有动机去关注有业绩指标对其绩效进行评价的活动，而往往忽视上级管理者不对其绩效进行评价的活动。按照这个理论逻辑，代理理论认为通过扩大代理人的绩效考核范围，可以有效降低代理人的代理成本。业绩评价指标大致可以分为两类：财务指标和非财务指标。传统的业绩考核指标主要使用财务指标，容易导致代理人的短期行为，不利于企业价值最大化的实现。通过引入非财务指标形成业绩评价指标体系，能够对代理人的行为过程进行有效的管理，缓解代理人的功能紊乱行为。那么业绩指标多元化是否能够带来企业业绩的提升呢？本研究运用调查问卷数据，通过业绩指标多元化变量分别对内部经营业绩、客户与市场业绩、财务业绩进行回归分析，研究发现业绩指标多元化确实能够有效提高企业不同层次的业绩。进一步地，本书将研究样本划分为国有样本和民营样本，并再次进行回归分析，研究结果表明业绩指标多元化对民营企业财务业绩的改善程度要高于对国有企业财务业绩的改善，可能是由于国有企业承担一部分社会职能，部分主观非财务指标的考核消耗了国有企业的财务资源。

（3）基于权变理论实证检验经营战略、业绩评价指标采用程度与企业业绩三者之间的关系。研究发现，经营战略与客观非财务指标的匹配负向影响内部经营业绩和财务业绩，经营战略与主观非财务指标的匹配正向影响财务业绩。本书进一步将研究样本划分为国有企业样本和民营企业样本，对上述关系进行分类分析发现，国有企业样本中经营战略负向调节主观非财务指标与内部经营业绩的关系，而在民营企业样本中并不存在这一关系；经营战略对主观非财务指标与财务业绩关系的调节作用，在国有企业和民营企业样本中具有截然相反的表现，国有企业样本中表现为负向调节效应，民营企业样本中表现为正向调节效应。这一结论说明，同样采取前瞻型战略的企业，国有企业较多地使用主观非财务指标会降低企业的财务业绩，民营企业较多地使用主观非财务指标会提高企业的财务业绩。造成这一现象的主要原因是国有企业承担一部分社会职能，主观非财务指标的采用程度高可能会使得国有企业付出更多的财务资源来承担社会职能。相对应地，民营企业采用主观非财务指标更多地出于企业内部经营管理的需要，较少承担与生产经营无关的社会职能，因此在前瞻型战略的主导下民营企业使用主观非财务指标能有效改善企业财务业绩。本书将研究样本划分为国有样本与民营样本，在中国特殊的制度背景下发现两种不同性质的样本中出现截然相反的现象，即经营战略与主观非财务指标的匹配负向影响国有企业的财务业绩，正向影响民营企业的财务业绩。这一研究发现进一步印证了管理会计实践的情境化特征。

8.2 研究局限

管理会计实证研究数据获取方式的成本高、周期长，导致目前国内会计学术界对管理会计研究问题的冷落，然而我国企业管理实践却日益重视管理会计技术的应用。与资本市场会计研究相比，管理会计实证研究的文献积累相当有限，在研究问题的深度、研究设计的规范性、研究手段的先进性上与国际主流的管理会计研究存在不小的差距。虽然我们在研究技术的使用上尽力与国际主流研究范式靠近，但是仍然在以下几个方面存在不同程度的局限：

（1）分析层次可能偏高。根据安东尼教授的管理控制系统理论，企业控制分为三个层次：战略控制、管理控制和运营控制，管理控制位于组织的中层，连接高层的战略控制和基层的运营控制。业绩评价系统作为管理控制系统的子系统之一，理所当然业绩评价系统也应该定位于企业的中层。况且，本书所用的市场竞争程度与经营战略变量都属于业务单元层次的概念。如果将研究层次提高到公司层，则业绩评价指标的选择会弱化对公司整体业绩的影响。为了尽量使得样本数据反映被调查企业业务单元的情况，问卷设计中特别强调"本问卷的调查层次定位于单个企业或者集团企业的分公司、子公司与事业部。如果您在集团总部工作，请就您熟悉的分子公司或事业部的情况进行填答"，但是从员工人数仍然可以看出少数填答者仍然将公司整体情况作为回答的基础。这就可能导致部分样本的分析层次偏高。幸运的是，分析层次偏高一般会降低统计检验拒绝原假设的能力，在本研究已经发现具有显著影响的情况下，分析层次偏高的问题并不会对研究结论造成过大的影响。

（2）不同任职岗位的问卷填答者可能对部分问题的理解存在偏差。本次问卷调查涉及的问题比较综合，要求问卷填答者对所在企业有比较全面的了解，所以该问卷最合适的问卷填答者是业务单元的负责人。但是，限于大量业务单元负责人的可获取性，本书选择了其他综合性较强的岗位职员，尤其是财会部门的人员较多。通过对问卷填答者信息的描述，可以发现大部分填答者的工作年限较长、学历较高，对问卷能够比较准确地理解和填答，但是也不能排除部分填答者对问卷问题的不理解，比如行政/后勤部门的职员。本次问卷调查的填答者属于行政/后勤部门的仅有 3 人，占总样本的 2.61%，可以认为对研究结论没有大的影响。

（3）由于时间及研究渠道的限制，未对典型企业的业绩评价实践进行长期深入的实地研究。本书运用问卷调查方法获取大样本横截面数据，实证检验业绩评价指标选择的影响因素与经济后果。虽然获得了关于业绩评价指标选择的一般性规律，但是并未对典型企业的业绩评价实践进行长期的实地研究。如果选择两家业绩评价实践的典型企业（国有企业与民营企业各一家）对其长期观察，就可以准确地把握业绩评价指标设计的具体操作过程、业绩指标选择的动因及其对评价客体的行为和业绩的影响，为我们更加深入地理解中国企业的业绩评价模式提供范本，有助于提高中国企业的业绩管理水平。

（4）样本量有待提高。本研究实际使用样本数量 115 个，样本量已经远超过统计检验所需的最低数量要求。实际上，本次问卷调查共发放问卷 230 份，经过样本的严格筛选，剩下有效样本 115 份。样本量大才能保证研究结论的稳健性，实证研究结果曾出现回归系数位于显著的边缘，如果样本量再大一些就可能出现显著的结论。由于研究时间和成本的限制，问卷调查样本量不可能做得太大，也可能由于填答质量不高剔除掉的样本过多造成有效样本量的降低。在后续研究中，笔者将在研究时间和经费的保证下尽量扩大样本的搜集范围和数量，提高实证分析中的有效样本量，进一步增强研究结论的说服力。

8.3　未来研究展望

结合国内外学术界对业绩评价系统的研究文献，可以判断业绩评价系统仍然是管理会计研究的核心话题。未来可以从以下几个方面深入研究业绩评价系统：

（1）运用实地研究方法分析战略业绩评价系统的运行模式。业绩评价系统天然的职能是实现企业战略，进而实现企业的经营目标。正是基于对业绩评价系统职能的认识，顺理成章地出现"战略业绩评价系统"一词，并且最近几年关于战略业绩评价系统的理论研究蔚然成风。本书的实证检验也确实发现战略对业绩评价系统的设计具有重要的影响，然而战略与业绩评价系统的具体结合方式并没有得到理论界应有的关注。只有深入分析战略业绩评价系统的内在运行机理，才能准确地把握业绩评价系统实施企业战略的过程和结果。在我国企业管理实践中，不乏成功应用战略业绩评价系统的典型案例。因此，学术界可以应用实地研究方法深入典型的案例企业，采用实地观察、访谈等技术手段集中探讨战略业绩评价系统的运行方式，并将其上升到战略业绩评价系统运行模式的理论层面，用来指导我国企业的业绩评价实践。

（2）运用实验研究方法分析业绩评价系统实施的行为后果。本书采用问卷调查方法实证检验了业绩评价指标采用的业绩后果，发现了一些具有价值的研究结论。但是，毕竟影响企业业绩的因素有很多，尤其是在管理会计研究中不可能获得较多控制变量的数据，无法对影响企业业绩的变量都一一控制，这就可能导致研究结论出现偏差。为了缩短变量之间关系的传导链条，一种比较有效的方式就是检验具有不同特征的业绩评价系统实施后对评价客体行为的影响，即考察代理人的行为后果。由于任何一种管理控制手段的实施，其直接目的就是改变实施对象的行为表现，进而实现企业的经营战略和目标，所以业绩评价系统的实施与代理人的行为反应具有最为直接的因果关系。通过对代理人行为反应的观察，研究者才能在无干扰或低干扰的场景中发现更加准确的因果联系。要想获得变量之间的因果关系，实验研究方法是最为可取的方式。一般来说，使用问卷调查方式获取的是横截面数据，发现的是变量间的相关关系，为了证明变量间具有因果联系，往往需要在理论分析过程中花费大量的笔墨对该关系进行说明。因此，学术界未来可以使用实验研究方法分析不同类型的业绩评价指标采用后的代理人行为表现，不同层次的代理人的行为表现又有何差别。

（3）运用档案研究方法分析国有企业业绩评价的经济后果。最近几年，国资委一直致力于国有企业业绩考核办法的改革。从传统的重规模、重利润转向重效益、重价值创造，2010 年在中央企业开始全面推行经济增加值指标，EVA 指标权重占到40%，利润总额仅占到 30% 的份额。由于国资委对央企负责人的业绩考核实行年度考核与任期考核相结合的方式，年度考核与任期考核的实施效果是否存在差别呢？为了应对国资委新的考核方式，央企负责人会采取怎样的应对措施呢？这些都是值得实证检验的命题。考虑到财务指标的内在缺陷，国资委引入分类指标，并对其赋予 30%的权重。这里的分类指标其实就是本书所说的主观非财务指标，这些指标采用专家打分的方法进行考核。在我国特殊的制度背景下，主观非财务指标是否能够对财务指标形成有效的补充呢？主观非财务指标采用后的具体表现及其对代理人的行为产生何种影响？我们对这些问题还知之甚少。由于大部分央企都是上市公司，可以方便地获取研究数据，因此学术界未来可以应用档案式研究方法全面深入地实证检验国有企业业绩考核政策改革后的经济后果。

参考文献

1. 陈佳俊. 企业战略与业绩评价指标的选择 [J]. 审计理论与实践，2003（12）：81-82.

2. 陈晓，徐淑英，樊景立. 组织与管理研究的实证方法 [M]. 北京：北京大学出版社，2008.

3. 陈永霞，贾良定，李超平，等. 变革型领导、心理授权与员工的组织承诺：中国情景下的实证研究 [J]. 管理世界，2006（1）：96-105.

4. 池国华. 基于组织背景的管理控制系统设计：一个理论框架 [J]. 预测，2004（3）：7-11.

5. 池国华. 内部管理业绩评价系统设计研究 [M]. 大连：东北财经大学出版社，2005.

6. 池国华. 内部管理业绩评价系统设计框架 [J]. 预测，2006（3）：12-16.

7. 高晨. 管理者业绩评价与激励前沿问题研究——基于中国企业情境下的理论探索与创新 [M]. 北京：经济科学出版社，2010.

8. 何铮. 从主流战略管理研究折射中国国有企业战略管理实践的演变［J］. 南开管理评论, 2006（2）：106-109.

9. 贺颖奇. 企业经营业绩评价的权变方法［J］. 财务与会计, 1998（12）：21-23.

10. 胡奕明. 非财务指标的选择——价值相关分析［J］. 财经研究, 2001（5）：44-49.

11. 胡玉明. 高级管理会计［M］. 3 版. 厦门：厦门大学出版社, 2009.

12. 胡玉明. 平衡计分卡：一种战略绩效评价理念［J］. 会计之友, 2010（4）：4-10.

13. 胡玉明. 企业管理会计理论与方法研究框架：基本构想与预期突破［J］. 财会通讯, 2011（4）：6-10.

14. 蓝海林. 企业战略管理［M］. 北京：科学出版社, 2011.

15. 李苹莉, 宁超. 关于经营者业绩评价的思考［J］. 会计研究, 2000（5）：22-27.

16. 刘海潮, 李垣. 竞争压力、战略变化、企业绩效间的结构关系——我国转型经济背景下的研究［J］. 管理学报, 2008（2）：282-287.

17. 刘海建, 陈传明. 企业组织资本、战略前瞻性与企业绩效：基于中国企业的实证研究［J］. 管理世界, 2007（5）：83-93.

18. 罗伯特·安东尼, 维杰伊·戈文达拉扬. 管理控制系统［M］. 刘宵仑, 朱晓辉, 译. 北京：人民邮电出版社, 2010.

19. 潘飞, 张川. 市场竞争程度、评价指标与公司业绩［J］. 中国会计评论, 2008（3）：321-338.

20. 万寿义, 赵淑惠. 企业内部业绩评价多样性的行为影响研究——基于员工激励计划的实证分析［J］. 山西财经大学学报，2009（3）：77-84.

21. 王华兵，李雷. 非财务指标融入分部经理激励契约设计的研究［J］. 山西财经大学学报，2011（4）：115-124.

22. 王化成，刘俊勇，孙薇. 企业业绩评价［M］. 北京：中国人民大学出版社，2004.

23. 温素彬，黄浩岚. 利益相关者价值取向的企业绩效评价——绩效三棱镜的应用案例［J］. 会计研究，2009（4）：62-68.

24. 文东华，潘飞，陈世敏. 环境不确定性、二元管理控制系统与企业业绩实证研究——基于权变理论的视角［J］. 管理世界，2009（10）：102-114.

25. 肖泽忠，杜荣瑞，周齐武. 试探信息技术与管理会计和控制的互补性及其业绩影响［J］. 管理世界，2009（4）：143-161.

26. 于增彪. 管理会计［M］. 北京：清华大学出版社，2014.

27. 于增彪. 管理会计研究［M］. 北京：中国金融出版社，2007.

28. 于增彪，张双才，刘桂英. 国企绩效评价体系设计的基本思路［J］. 财务与会计（理财版），2007（12）：48-50.

29. 张川，潘飞，John Robinson. 非财务指标与企业财务业绩相关吗？——一项基于中国国有企业的实证研究［J］. 中国工业经济，2006（11）：99-107.

30. 张川，潘飞，John Robinson. 非财务指标采用的业绩后果实证研究——代理理论 VS. 权变理论［J］. 会计研究，2008（3）：39-46.

31. 张川，杨玉龙，高苗苗. 中国企业非财务绩效考核的实践问题和研究挑战——基于文献研究的探讨［J］. 会计研究，

2012（12）：55-60.

32. 张川. 业绩评价指标的采用与后果——基于我国企业的实证研究 [M]. 上海：复旦大学出版社，2008.

33. 张蕊. 企业经营业绩评价理论与方法的变革 [J]. 会计研究，2001（12）：46-50.

34. 张先治. 内部管理控制论 [M]. 北京：中国财政经济出版社，2004.

35. 赵治纲. 中国式经济增加值考核与价值管理 [M]. 北京：经济科学出版社，2010.

36. ABERNETHY, M. A., A. M. LILLIS. The impact of manu-facturing flexibility on management control system design. Account-ing, Organizations and Society 1995. 20：241-258.

37. ANDERSON, S. W., W. N. LANEN. Economic transition, strategy and the evolution of management accounting practices. Ac-counting, Organizations and Society 1999. 24：379-412.

38. BAKER, G. Incentive contracts and performance measure-ment. Journal of Political Economy 100（3）：598-614.

39. BANKER, R. D., G. POTTER, D. SRINIVASAN. An em-pirical investigation of an incentive plan that includes nonfinancial performance measures. The Accounting Review 75：65-92.

40. BANKER, R. D., S. M. DATAR. Sensitivity, precision and linear aggregation of signals. Journal of Accounting Research 27（1）：21-40.

41. BARON, R. M., D. A. KENNY. The moderator-mediator variable distinction in social psychological research：Conceptual, stra-tegic, and statistical considerations. Journal of Personality and Social Psychology 51：1173-1182.

42. BOUWENS, J., A. M. ABERNETHY. The consequences of

customization on management accounting system design. Accounting, Organizations and Society, 241-258.

43. BUSHMAN, R. M., R. J. INDJEJIKIAN, A. SMITH. CEO compensation: The role of individual performance evaluation. Journal of Accounting and Economics 21: 161-193.

44. CADEZ, S. , C. GUILDING. An exploratory investigation of an integrated contingency model of strategic management accounting. Accounting, Organizations and Society 33: 836-863.

45. CHANDLER, A. D. Strategy and Structure, MIT Press.

46. CHEN, C., LEE, S. , STEVENSON, H. W. "Response style and cross- cultural comparisons of rating scales among east Asian and north American students", Psychological Science 6: 170- 175.

47. CHENHALL. Management control system design within its organizational context: Findings from contingency-based research and directions for the future. Accounting, Organizations and Society 28 (2/3): 127-168.

48. CHENHALL, LANGFIELD - SMITH. The relationship between strategic priorities, management techniques and management accounting: An empirical investigation using a systems approach. Accounting, Organizations and Society, 23, 243-264.

49. CHENHALL, D. MORRIS. The impact of structure, environment and interdependence on the perceived usefulness of management accounting systems. The Accounting Review 61: 16-35.

50. CHONG, K. CHONG. Strategic choices, environmental uncertainty and SBU performance: a note on the intervening role of management accounting systems. Accounting and Business Research: 268-276.

51. DAMANPOUR F. Organizational Innovation: A meta-Analysis of effects of determinants and moderators. Academy of Management Journal 34 (3): 555-590.

52. DANIEL. S. J. , W. D. REITSPERGER. Linking quality strategy with management control systems: empirical evidence from Japanese industry. Accounting, Organizations and Society 16 (7): 601-618.

53. DATAR S., S. C. KULP , R. A. LAMBERT. Balancing Performance Measures. Journal of Accounting Research 39 (1): 75-92.

54. FELTHAM, J. XIE. Performance measures congruity and diversity in multi-task principal/agent relations. The Accounting Review 69 (7): 429-453.

55. FISHER. Contingency-based research on management control systems: categorization by level of complexity. Journal of Accounting Literature: 24-35.

56. FLEMING, C. W. CHOW , G. CHEN. Strategy, performance measurement system, and performance: a study of Chinese firms. The International Journal of Accounting 44: 256-278.

57. GERDIN, J., GREVE, J. Forms of contingency fit in management accounting research—a critical review. Accounting, Organizations and Society 29: 303-326.

58. GHOSH, D., R. F. LUSCH. Outcome effect, controllability and performance evaluation of managers: Some evidence from multi-outlet businesses. Accounting, Organizations and Society 25 (4 / 5): 411-425.

59. GINZBERG M. J. An organizational contingencies view of accounting and information systems implementation. Accounting, Organizations and Society 5 (4): 369-382.

市
场
环
境
、
经
营
战
略
与
业
绩
评
价
：
作
用
机
理
与
经
济
后
果

60. GORDON L. A. , D. MILLER. A contingency framework for the design of accounting information systems. Accounting, Organizations and Society 1 (1): 59-69.

61. GOSSELIN M. An empirical study of performance measurement in manufacturing firms. International Journal of Productivity and Performance Management 54 (5/6): 419 - 437.

62. GOVINDARAJAN, V. A contingency approach to strategy implementation at the business-unit level: Integrating administrative mechanisms with strategy. Academy of management Journal 31 (4): 828-853.

63. GOVINDARAJAN, V. , J. FISHER. Strategy, control systems and resource sharing: effects on business-unit performance. Academy of Management Journal 33 (2): 259-285.

64. GOVINDARAJAN, V. , A. K. GUPTA. Linking control systems to business unit strategy: impact on performance. Accounting, Organizations and Society 10: 51-66.

65. GUL F. A. The effects of management accounting systems and environmental uncertainty on small business managers´ performance. Accounting and Business Research 22 (85): 57-61.

66. GUPTA A. K. , V. GOVINDARAJAN. Business unit strategy, managerial characteristics, and business unit effectiveness at strategy implementation. Academy of Management Journal 27 (1): 25-41.

67. HAYES. The contingency theory of management accounting. The Accounting Review 52 (1): 22-39.

68. HEMMER. On the design and choice of " modem" management accounting measures. Journal of Managerial Accounting Research: 87-116.

参
考
文
献

69. HOLMSTROM. Moral hazard and observability. Bell Journal of Economics 10: 74-91.

70. HOLMSTROM. Moral hazard in teams. Bell Journal of Economics 13 (2): 324-340.

71. HOQUE, Z., L. MIA, M. ALAM. Market competition, computer-aided manufacturing and use of multiple performance measures: an empirical study. British Accounting Review 33, 23-45.

72. HOQUE, W. JAMES. Linking balanced scorecard measures to size and market factors: Impact on organizational performance. Journal of Management Accounting Research 12: 1-17.

73. HOQUE, Z. A contingency model of the association between strategy, environmental uncertainty and performance measurement: impact on organizational performance. International Business Review 13: 485-502.

74. ITTNER, C. D., D. F. LARCKER , M. V. RAJAN. The choice of performance measures in annual bonus contracts. The Accounting Review 72 (2): 231-255.

75. ITTNER, D. F. LARCKER, M. MEYER. Subjectivity and the weighting of performance measures: Evidence from a balanced scorecard. The Accounting Review 78 (3): 725-758.

76. ITTNER, C. D., D. F. LARCKER., T. RANDALL. Performance implications of strategic performance measures in financial services firms. Accounting, Organizations and Society 28: 715-741.

77. ITTNER, C., D. F. LARCKER. Total quality management and the choice of information and reward systems. Journal of Accounting Research: 1-34.

78. ITTNER, C. D., D. F. LARCKER. Are nonfinancial measures leading indicators of financial performance: An analysis of cus-

tomer satisfaction. Journal of Accounting Research 36 (Supplement):
1-35.

79. ITTNER, C. D., D. F. LARCKER. Assessing empirical research in managerial accounting: a value-based management perspective. Journal of Accounting and Economics 32: 349-410.

80. KAPLAN, R. S., D. P. NORTON. The balanced scorecard: Measures that drive performance. Harvard Business Review 70 (1): 71-79.

81. KAPLAN, R. S., D. P. NORTON. Using the balanced scorecard as a strategic management system. Harvard Business Review: 75-85.

82. LAMBERT, R. A. Agency theory and management accounting. Handbook of Management Accounting Research. Vol. 1: 247-268.

83. LANGFIELD - SMITH. Management control systems and strategy: A critical review. Accounting, Organizations and Society 22 (2): 207-232.

84. LILLIS. Managing multiple dimensions of manufacturing performance-an exploratory study. Accounting, Organizations and Society 27 (6): 497-529.

85. LIPE, S. E. SALTERIO. The balanced scorecard: Judgmental effects of common and unique performance measures. The Accounting Review 75 (3): 283-298.

86. LYNCH, CROSS. Measure up!. Cambridge, MA: Blackwell Publishers.

87. MIA L. , B. CLARKE. Market competition, management accounting systems and business unit performance. Management Accounting Research 10 (2): 137-158.

参考文献

88. MILES, SNOW, C. C. Organizational strategy, structure and process. New York: McGraw Hill.

89. MILLER. Relating porter's business strategies to environment and structure: analysis and performance implications. Academy of Management Journal 31 (2): 280-308.

90. MILLER, FRIESEN. Innovation in conservative and entrepreneurial firms: two models of strategic momentum. Strategic Management Journal 3: 1-25.

91. MILLER, FRIESEN. Strategy-making and the environment: the third link. Strategic Management Journal 4: 221-235.

92. MOERS. Discretion and bias in performance evaluation: the impact of diversity and subjectivity. Accounting, Organizations and Society 30 (1): 1-98.

93. NEELY A, ADAMS C. , KENNERLEY M. The performance prism: The scorecard for measuring and managing business success. Person Education Limited.

94. OTLEY. The contingency theory of management accounting: achievement and prognosis. Accounting, Organizations and Society 5 (4): 413-428.

95. PERERA, S. , HARRISON, G., POOLE, M. Customer-focused manufacturing strategy and the use of operations-based non-financial performance measures: a research note. Accounting, Organizations and Society 22: 557-572.

96. PORTER, M. E. Competitive strategy. Free Press, New York.

97. PRENDERGAST, TOPEL, R. Discretion and bias in performance evaluation. European Economic Review 37: 355-365.

98. RICHARDSON, GORDON. Measuring total manufacturing

市场环境、经营战略与业绩评价：作用机理与经济后果

performance. Sloan Management Review 21 (2): 47–58.

99. SAID, A. A., H. R. HASSAB ELNABY , B. WIER. An empirical investigation of the performance consequences of nonfinancial measures. Journal of Management Accounting Research 15: 193–223.

100. SIMONS. Accounting control systems and business strategy: An empirical analysis. Accounting, Organizations and Society 12 (4): 357–374.

101. SIMONS. Levers of control. Boston, MA: Harvard Business School Press.

102. SIM, L. KILLOUGH. The performance effects of complementarities between manufacturing practices and management accounting systems. Journal of Management Accounting Research: 325–345.

103. SMITH K. G., J. P. GUTHRIE , M. J. CHEN. Strategy, size and performance. Organization Studies 10 (1): 63–81.

104. TYMOND JR., W. G., STOUT. D. E., SHAW, K. N. Critical analysis and recommendations regarding the role of perceived environmental uncertainty in behavioral accounting research. Behavioral Research in Accounting 10: 23–46.

105. VAN DER STEDE, W. A., CHOW, C. W., LIN, T. W. 2006. Strategy, choice of performance measures, and performance. Behavioral Research in Accounting, 18, 185–205.

106. WATERHOUSE J. H., P. TIESSEN. A contingency framework for management accounting systems research. Accounting, Organizations and Society 3 (1): 65–76.

参考文献

附录

尊敬的女士/先生：

您好！

我们是西南财经大学中国管理会计研究中心成员，目前承担西南财经大学课题"企业经营战略与业绩评价指标选择研究"的研究任务。为设计高效、实用的业绩评价系统，我们必须深刻认识我国企业业绩评价指标设置的现状、驱动因素与经济后果。因此，课题组需要对我国企业业绩评价实践进行问卷调查，您在企业管理领域的真知灼见将对本课题的研究起到至关重要的作用，衷心希望您能予以支持。我们基于已有文献与实地访谈资料设计本问卷，希望您根据企业管理实践经验认真、客观填答。

本问卷的调查层次定位于单个企业或者集团企业的分公司、子公司与事业部。如果您在集团总部工作，请就您熟悉的分子公司或事业部的情况进行填答。

如果本问卷的调查数据有缺失，我们将不能使用该份问卷数据，您的真知灼见就不能反映在我们的分析结果中，我们则会损失一个宝贵的调查样本。因此希望您能够<u>完整地回答本问卷的每一个题项</u>。本问卷题项的答案没有对错之分，您只需要根据您所在企业的实际情况或者您的第一反应来打分即可。

我们郑重承诺：调查涉及的全部资料仅供研究之用，决不私自挪作他用，您所填写的一切内容，也将绝对保密。如有需要，我们会把最终研究成果反馈给您，希望能为贵企业业绩评价实践提供帮助！

衷心感谢您的支持！

祝贵企业事业蒸蒸日上！

西南财经大学课题组

2012 年 11 月

附：调查问卷

A. 公司基本信息

请在选项前的方框中打"√"或在横线上直接填写。本问卷定位于企业中层，即企业内部的分子公司或事业部。

A1. 贵公司是否为上市公司？　　　□是　　　　□否

A2. 贵公司成立时间：_____ 年（<u>您任职或熟悉的中层单位的成立时间</u>）

A3. 贵公司的所有制性质：

□国有独资或国有控股企业　□民营企业　□中外合资企业　□外资企业

A4. 贵公司主要业务所属行业类型：

□农、林、牧、渔业　□采掘业　□制造业　□电力、煤气及水的生产和供应业　□建筑业　□交通运输、仓储业　□信息技术业　□批发和零售贸易业　□金融、保险业　□房

地产业　□社会服务业　□传播与文化产业　□综合类

　　若贵公司属于制造业，请问属于制造业中哪个细分行业？（若不是制造业，则不需回答本题）

　　□食品、饮料　□纺织、服装、皮毛　□木材、家具□造纸、印刷　□石油、化学、塑胶、塑料　□电子　□金属、非金属　□机械、设备、仪表　□医药、生物制品□其他

　　A5. 贵公司现有员工人数：＿＿＿＿＿ 人（您任职或熟悉的中层单位的员工人数）

B. 市场竞争程度

　　请根据贵公司所在行业的实际情况客观地为下列陈述进行打分，请在相应分值上打"√"。答案分为六个等级，1 和 6 分别代表两种极端的形式，1 到 6 程度依次递增或递减。

　　B1. 贵公司竞争对手数量：

　　（几乎没有）1　　2　　3　　4　　5　　6（非常多）

　　B2. 贵公司所在行业生产技术更新速度：

　　（非常慢）1　　2　　3　　4　　5　　6（非常快）

　　B3. 贵公司所在行业新产品/服务出现的速度：

　　（非常慢）1　　2　　3　　4　　5　　6（非常快）

　　B4. 贵公司所在行业价格竞争程度：

（几乎不降价）1　　2　　3　　4　　5　　6（价格战很激烈）

　　B5. 贵公司产品或服务占所在行业的市场份额：

　　（非常小）1　　2　　3　　4　　5　　6（非常大）

　　B6. 贵公司所在行业销售渠道竞争程度：

（销售渠道非常少）1　　2　　3　　4　　5　　6（销售渠道非常多）

　　B7. 贵公司所在行业受政府管制程度：

　　（不受管制）1　　2　　3　　4　　5　　6（完全管制）

C. 环境不确定性

请根据贵公司外部环境的实际情况，客观判断下列描述与企业实际情况相符的程度，请在相应分值上打"√"。答案分为六个等级，1 表示贵公司面临的外部环境与此表述"完全不符"；6 表示贵公司面临的外部环境与此表述"完全相符"。

编号	外部环境	1(完全不符)——→ 6(完全相符)					
C1	本公司的客户需求与偏好经常发生变化	1	2	3	4	5	6
C2	本公司的原材料采购价格经常发生变化	1	2	3	4	5	6
C3	本行业竞争对手对市场发生的变化反应迅速	1	2	3	4	5	6
C4	本行业的生产技术升级换代快速	1	2	3	4	5	6
C5	政府对本公司所在行业管制程度很低	1	2	3	4	5	6
C6	本行业所面临的未来经济形势复杂多变	1	2	3	4	5	6
C7	本公司产品在国际市场上的需求量和价格经常发生变化	1	2	3	4	5	6

D. 业务单元经营战略

请根据贵公司的实际情况，客观判断每项描述与企业实际相符的程度，请在相应分值上打"√"。答案分为六个等级，1到6程度依次递增。

编号	战略描述	1(完全不符)———→ 6(完全相符)					
D1	公司具有冒险精神，总是试图开拓新的市场	1	2	3	4	5	6
D2	公司在进入新的市场时总是试图成为行业领先者	1	2	3	4	5	6
D3	公司经常推出新的产品或对已有产品进行升级换代	1	2	3	4	5	6
D4	公司很重视对市场的研究，并对市场信号做出快速反应	1	2	3	4	5	6
D5	公司很重视产品研发，并投入大量研发资金	1	2	3	4	5	6
D6	公司强调员工的创新思维与学习能力	1	2	3	4	5	6

E. 业绩指标选择与重视程度

请根据贵公司的实际情况，选择贵公司在业绩评价实践中使用的业绩评价指标。如果贵公司未使用某项指标，则选择0；如果贵公司使用某项指标，则在1~6中选择对该项指标的重视程度（程度依次递增），并在相应分值上打"√"。

编号	业绩评价指标	0 表示贵公司未使用该指标 1(不重视) ──────→ 6(非常重视)						
E1	总利润（或净利润）	0	1	2	3	4	5	6
E2	销售利润率	0	1	2	3	4	5	6
E3	净资产报酬率	0	1	2	3	4	5	6
E4	总资产报酬率	0	1	2	3	4	5	6
E5	经济增加值（EVA）	0	1	2	3	4	5	6
E6	总资产周转率	0	1	2	3	4	5	6
E7	应收账款周转率	0	1	2	3	4	5	6
E8	销售收入增长率	0	1	2	3	4	5	6
E9	资本保值增值率	0	1	2	3	4	5	6
E10	市场占有率	0	1	2	3	4	5	6
E11	及时交货率	0	1	2	3	4	5	6
E12	客户投诉次数	0	1	2	3	4	5	6
E13	保修次数	0	1	2	3	4	5	6
E14	退货率	0	1	2	3	4	5	6
E15	客户满意度	0	1	2	3	4	5	6
E16	废品率	0	1	2	3	4	5	6
E17	新专利数量	0	1	2	3	4	5	6
E18	新产品上市数量	0	1	2	3	4	5	6
E19	新产品上市周期	0	1	2	3	4	5	6
E20	员工满意度	0	1	2	3	4	5	6
E21	人均利润（主营业务利润/员工平均人数）	0	1	2	3	4	5	6

表(续)

编号	业绩评价指标	0表示贵公司未使用该指标 1(不重视) ——→ 6(非常重视)						
E22	培训支出比率（员工培训支出/主营业务收入）	0	1	2	3	4	5	6
E23	技术创新投入率（技术创新投入总额/净利润）	0	1	2	3	4	5	6
E24	新品销售率（新品销售收入/总销售收入）	0	1	2	3	4	5	6
E25	就业岗位率（企业平均人数/平均资产总额）	0	1	2	3	4	5	6
E26	上缴利税率（上缴利税总额/平均资产总额）	0	1	2	3	4	5	6

除上述定量指标，企业是否采用定性指标进行业绩评价？如果有，请选出企业在哪些方面进行定性评价，并给出重视程度，1~6依次递增。

E27	战略管理	0	1	2	3	4	5	6
E28	发展创新	0	1	2	3	4	5	6
E29	经营决策	0	1	2	3	4	5	6
E30	风险控制	0	1	2	3	4	5	6
E31	基础管理	0	1	2	3	4	5	6
E32	人力资源	0	1	2	3	4	5	6
E33	行业影响	0	1	2	3	4	5	6
E34	社会贡献	0	1	2	3	4	5	6

F. 企业业绩

相对于行业平均水平，贵公司最近三年平均业绩的最恰当得分。答案分为 6 个等级：1 表示远低于行业平均水平，6 表示远高于行业平均水平，1~6 程度依次递增。

编号	企业业绩	1(远低于行业平均) → 6(远高于行业平均)					
F1	投入产出率	1	2	3	4	5	6
F2	产品合格率	1	2	3	4	5	6
F3	及时送货率	1	2	3	4	5	6
F4	员工满意度	1	2	3	4	5	6
F5	产品或服务质量	1	2	3	4	5	6
F6	新产品或服务上市数量	1	2	3	4	5	6
F7	客户满意度	1	2	3	4	5	6
F8	市场占有率	1	2	3	4	5	6
F9	营业利润增长率	1	2	3	4	5	6
F10	销售利润率	1	2	3	4	5	6
F11	总资产收益率	1	2	3	4	5	6
F12	净资产收益率	1	2	3	4	5	6

G. 问卷填写人信息

请在选项前的方框中打"√"或在横线上直接填写。

G1. 性别：

□男　　　　□女

G2. 学历：

□大专以下　□大专　□本科　□硕士　□博士

G3. 部门：

☐会计/财务　☐综合管理　☐生产制造　☐人力资源
☐研究开发
☐项目管理　☐营销/销售　☐行政/后勤
☐其他＿＿＿＿＿＿＿＿＿

G4. 职位：

☐高层管理者　☐中层管理者　☐基层管理者
☐其他＿＿＿＿＿＿＿＿＿

G5. 您在目前公司工作年限：＿＿＿＿＿＿＿年

G6. 您任现职年限：＿＿＿＿＿＿ 年

问卷填写已完成，再次感谢您的支持与合作！

后记

本书是在笔者博士学位论文的基础上修改而成的，论文的部分内容已经在学术期刊上发表。博士论文的写作奠定了我对管理会计学术研究的基本认识，也深刻影响着我对学术研究思想的理解。因此，有必要在此向读者介绍本书研究选题的思想来源，展示研究内容的形成过程。

博士论文的研究选题经历了一个比较漫长的过程，从确定研究方向到最终的研究选题大致持续了一年时间。笔者在硕士研究生阶段主要研究企业管理会计问题，并在此期间阅读了大量的国际顶级期刊发表的管理会计论文，对管理会计研究问题有较为深入的认识，也培养了自己对企业管理会计问题的研究兴趣。通过对国内外学术论文的阅读与思考，我将研究兴趣集中在企业管理控制系统问题上。恰好在博士一年级会计研究方法论课上，我向大家报告了一篇发表在 *The Accounting Review* 2007 年第 1 期的论文：*Introducing the First Management Control Systems: Evidence from the Retail Sector*，该文发现初始管理控制系统与企业战略匹配度高的企业将获得更好的业绩。在此基础上，进一步阅读了关于管理控制系统研究的实证和综述类论文，发现这些论文有一个共同点：特别关注企业战略与管理控制系统设计的关系。同时，安东尼和戈文达拉扬所著的《管理控制系统》一书将企业控制划分为三个层次：战略计划、管理控制和运营控制，管理控制是决定如何实施战略的过程。由此可见，管理控制系统与企业战略具有十分紧密的联系，更加坚定了我探索战略与管理控制系统之间关系的决心。反观国内学术界有关这个问题的研究并不多，在中国的制度背景下这个问题并没有得到应有的重视。至此，我基本上将博士论文方向锁定在战略与管理控制系统的关系上。但是，在与2011年7月与来访的佐治亚理工学院 Xi（Jason）Kuang 教授交流的过程中，他建议将管理控制系统的范围缩小，最好集中分析战略对其中一个子系统的影响，比如业绩评价系统。按照他的建议，我进一步搜集和阅读了与业绩评价系统相关的文献，从中提炼出了一个核心主题，即业绩评价指标选择。最后，将博士论文的题目确定为：企业经营战略与业绩评价指标选择研究。运用问卷调查方法搜集研究数据，实证检验业绩评价指标选择的影响因素与经济后果。在后续的文献阅读过程中，我发现企业经营战略只是业绩评价指标选择的影响因素之一，但是经营战略是一个比较特殊的权变变量，是企业用来应对外部环境的手段。因此，我大胆地设想企业经营战略与外部环境不是同一层次的权变变量，引入外部环境变量，细致地考察外部环境、经营战略与业绩评价指标三者之间的关系。然后，基于代理理论和权变理论分别考察业绩评价指标选择的经济后果，这样三个具有内在联系的实证研究构成了我的博士论文的基本内容框架。

本书的出版既是对我过去十余年学习与研究的阶段性总结，也将开启一段学术研究的新征程。回顾过往的学习生涯与职业选择，目前能够安心在高校从事教学与研究工作，我是幸运的。

如果说自己在专业领域取得了一些进步，一路走来都离不开众人的帮助与支持。首先，感谢我的恩师毛洪涛教授，学生取得的点滴进步都凝结着老师辛勤的指导和无微不至的关怀。老师务实的工作作风和严谨的治学态度潜移默化地影响着我，他不仅将专业知识毫无保留地教授于我，而且更为重要的是教会我一种追求真理的态度。这种态度将是我人生的一笔宝贵财富，将永远激励我奋发向上，攀登学术高峰。为了能够给我们创造好的学术研究环境，毛老师常常牺牲自己宝贵的休息时间，与我们一起开读书会、课题讨论会等。同时，他也大力鼓励和资助我们走出去参加高水平的学术会议，为我们搭建了广阔的学术交流平台，让我们开阔了眼界、提高了学术研究水平。在平时的学习生活中，毛老师给予了我细致入微的关心和爱护，教给了我很多做人做事的道理，让我深刻领会了"做事先做人"的人生哲学，这将让我终生受益。"师者，所以传道授业解惑也"。毛老师以其执着的职业精神和追求卓越的人生态度深深感染着我，我将在以后的工作生活中践行恩师的人生理念，为社会做出自己应有的贡献。博士论文从选题立意到最终的修改定稿，导师都倾注了大量的心血。每次在论文遇到困难的时候，导师都耐心解答，帮我提出解决方案。在论文初稿完成之后，导师为我字斟句酌地修改。可以说，没有导师的悉心指导，也就没有论文的顺利完成和最终的出版。

同时，也要感谢四川大学商学院干胜道教授。作为我的博士后指导老师，干老师为我的博士后研究工作提出了很多具有建设性的指导意见。他深邃的学术研究思想也带给了我很多的学术研究灵感，他积极乐观的生活态度也深刻地影响着我的教学研究工作。感谢西南财经大学中国管理会计研究中心的吉利老师、王新老师、邹燕老师等，与这些老师一起研讨课题、研习论文，为我的学术研究打下了扎实的方法论基础，也给我带

后记

来了很多学术灵感。尤其需要感谢的是来自佐治亚理工学院的 Xi（Jason）Kuang 教授，与他的交流让我重新认识了管理会计研究，并为我的博士论文选题提出了富有建设性的指导意见。感谢张正勇博士、周达勇博士、邓博夫博士、何熙琼博士、李子扬博士等，他们经常与我进行学术讨论，在不同阶段为我的研究工作做出过积极的贡献。

感谢生我养我的父母，您们的养育之恩今生无以为报，愿在今后的工作生活中以更优异的成绩报答您们。也要感谢我的岳父岳母给予我的理解，帮助我处理了很多繁琐的家庭事务，付出了大量的时间和辛劳照顾家中小孩。当然，也将这本书献给我的妻子潘攀、我的女儿昕苒和我的儿子井源，你们的爱为我全身心投入教学研究工作创造了一个宽松的环境和温暖的家庭。

市场环境、经营战略与业绩评价：作用机理与经济后果